―― 성공 BIZ 컨설팅노트 **5**번째 이야기 ――

아너스(HONORS) 엔젤투자클럽이 바라본

유니콘(unicorn)
기업의 발굴과 가치평가

엔젤투자자의 기업 평가 방법

| 총괄저자(Significant Writer) 이현수 지음 |

주저자 이현수 오수언 이강석
부저자 박영만 최석균 이정일 허 민 최문영
주감수자 황보윤 | **부감수자** 최재성 김용후

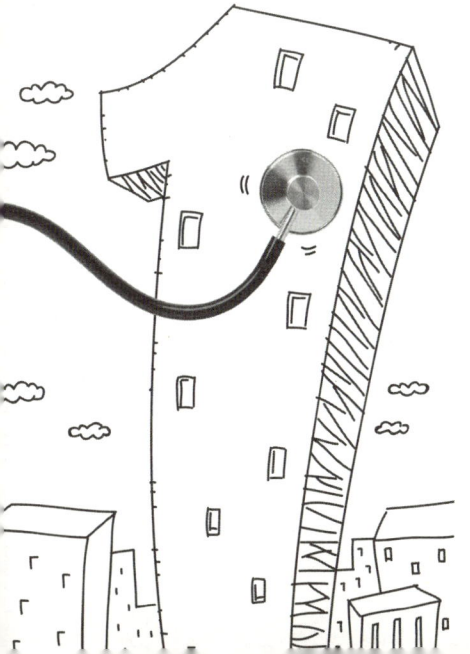

혜성출판사

성공 BIZ 컨설팅노트 5번째 이야기

아너스(HONORS) 엔젤투자클럽이 바라본
유니콘(unicorn)기업의 발굴과 가치평가

인쇄 | 2020년 1월 3일
발행 | 2020년 1월 5일
총괄저자 | 이현수
발행인 | 김상일
발행처 | 혜성출판사
발행처 주소 | 서울시 동대문구 신설동 114-91 삼우 B/D A동 205호
전화 | 02)2233-4468 FAX | 02)2253-6316
표지·본문디자인 | 오영아·홍은숙
출력 | 인화씨앤피
인쇄 | 조일인쇄
등록번호 | 제6-0648호
E-mail | kkksi@naver.com

정가 16,000원

ISBN 979-11-86345-42-9(03220)

* 이 책의 무단복제 또는 무단전재는 법으로 금지되어 있습니다.

총괄저자 소개

[경 력]
現 서울대학교 경영전문대학원 경영과정 총동문회 수석부회장
現 아너스(HONORS) 엔젤투자클럽 수석부회장
現 비엠더블에이 C&T 대표
전 ㈜미래증권연구소 Business Analyst
전 ㈜삼진탑테크엔지니어링 등기감사
전 ㈜코어픽스 등기감사
전 ㈜씨베스트 등기이사(최고재무책임자 CFO)
전 임순호변호사 법률사무소 기업법무연구소 실장
전 법무법인 로뎀 기업법무연구소 실장
전 아너스(HONORS) 엔젤투자클럽 초대회장

이 현 수

[학 력 / 수료 현황]
숭실대학교 물리학과 졸업
전) 호서대학교 글로벌창업대학원 9대 원우회장
서울대학교 경영전문대학원 경영능력향상과정(SPC) 제2기 수료
현) 서울대학교 경영전문대학원 경영과정 총동문회 수석부회장
하이 서울 벤처 창업 10기 교육과정 수료(SBA),
창업스쿨 기본교육(경영컨설팅 창업과정17기)수료
KVAN 엔젤투자포럼 1기 수료(사단법인 한국컨설팅협회)
장외주식운용전문과정 제2기 수료(한국장외운용협회)
기본이 강한 벤처기술 창업학교 2기 수료 (한국벤처협회)
파트너아이 엔젤 투자 교육 1기 수료
하이서울 경영컨설팅 전문과정 4기 수료(SBA)

[자격증]
기업 자금 관리사(CTM)
매경부동산자산관리사(KRPM)
한국창업지도사
한국벤처창업컨설턴트 협회회원
English Proficiency Course(400 시간)이수

[운영 카페]
1. 함께하는 창업의 세계 : http://cafe.naver.com/scubalee
2. 비상장장외기업 M&A 포럼(삼성경제연구소):http://www.seri.org/forum/cfomna
3. 블루마린엔젤에셋 : http://cafe.naver.com/bmaa
4. 하이서울 창업스쿨 17기 경영컨설팅과정 : http://cafe.naver.com/seoulcmc
5. 서울대학교 경영전문대학원 경영과정2기(SPC) : http://cafe.naver.com/sun2rl

[컨설팅 전문 분야]
유니콘기업 발굴 및 자금지원 시스템 구축
예비기술창업 로드맵 작성
중견기업 인사/재무 컨설팅
엔지니어링기업 종합 컨설팅
기업구조조정 로드맵 작성
기업 회생/파산 컨설팅
비상장기업 2세 상속법인 컨설팅
퇴출상장업체 재기 컨설팅
정부 지원 자금 컨설팅(예비/아이디어 사업)
기업간 법률분쟁 사항 해결 컨설팅
지주회사 설립 및 운영 컨설팅
벤처인증, IPO, 프리보드 등록 컨설팅
기업 인수 합병(M&A) 컨설팅
수익형 빌딩 운영 컨설팅

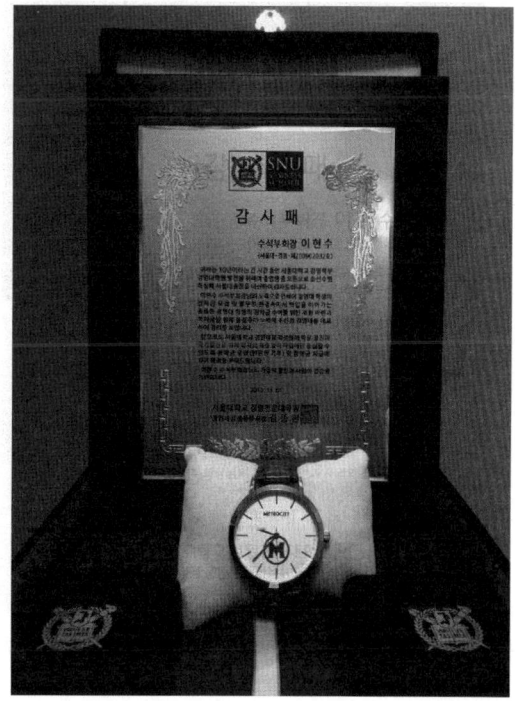

[출간 서적]

성공 BIZ 컨설팅노트 5번째 이야기

아너스(HONORS) 엔젤투자클럽이 바라본

유니콘(unicorn)
기업의 발굴과
가치평가

엔젤투자자의 기업 평가 방법

추천사

이 책은 여러 가지 장점을 가진 책이지만 그 중에서도 2가지가 특히 나에게 흥미롭게 다가왔습니다.

첫째로, 그동안 상장된 기업에 초점을 맞춰 그에 대한 평가와 투자요령을 소개한 책들은 많았지만, 이 책은 흔치 않게 상장전에 있는 유망한 기업에 대하여 초점을 맞춘 책이라는 것이고 둘째로, 평소 기업에 대한 평가가 기업의 실적이나 기술력만을 단순하게 우선시하는 기존의 책과는 달리 이 책은 우선 회사를 경영하는 사람을 가장 중요시하고 있다는 것입니다.

상장기업에 대한 정보와 이에 대한 평가는 얼마든지 다양한 경로를 통하여 접할 수 있지만, 너무 많은 사람들이 접근해 있는데다, 개인보다 정보취득 등 여러면에서 우월적 지위에 있는 기관이나 회사들에 의하여 좌지우지 되는 경향이 있어 오히려 개인들이 그들에게 휘둘려 더 많은 위험에 노출되어 있는 것이 현실입니다.

그렇다면 오히려 그러한 고정된 시각에서 벗어나 남들이 주목하지 않는 장외기업에 눈을 돌려 좋은 투자처를 발견할 수 있도록 선도한다는 면에서 이 책의 중요성이 있다고 할 것이고, 현재의 상태를 평가하는데 그치지 않고 그 장외기업의 미래, 즉 발전가능성에 초점을 맞춰 투자대상을 고르는 과정에서 그 회사의 경영자의 마인드, 능력을 먼저 검토하라고 조언하는 면에서는 정말 이 책의 독자들에게 제대로 된 길을 제시하고 있다는 생각이 듭니다.

과거 구글의 사례나, 많은 국내외 사례들을 보더라도 이미 상장된 회사들에 대한 투자보다도 그 가능성을 발견하고 남들보다 한 발 앞선 투자에 나섰던 사람들의 큰 성공담을 우리는 많이 접해본 것이 사실입니다.

그렇다고 이 책이 독자들에게 투자에 대한 환상을 주어 투자에 관심이 없는 사람들을 투자를 하도록 이끌어 내려는 것이 아니고, 그보다는 기존의 고정관념에서 벗어나 새로운 시각을 가질 것을 주문하는 동시에, 투자대상을 좀 더 정확히 파악할 수 있는 시각을 가질 수 있도록 도움을 받고 싶은 사람들에게 좋은 길잡이가 되어줄 것이라고 생각합니다.

이 책을 집필한 이현수 부회장님은 본인에게 소송업무와 관련하여서 많은 자문을 주셨던 분으로, 정확한 평가로 인하여 큰 도움이 되었던 기억이 있습니다.

이제 이와 같은 책을 통하여 본인이 경험했던 것처럼 독자들에게도 유익한 정보를 제공할 것이라 믿어 의심치 않습니다.

본인은 사회에 대한 따뜻한 시선과 기업에 대한 무한한 애정으로 새싹을 키운다는 생각으로 여리고 부족한 기업에 무한한 애정을 쏟는 이현수부회장님을 통해서 새로운 기업모델과 수익모델을 창출 할 것이라고 굳게 믿습니다.

향 후 건승을 기원하며, 본인이 이현수부회장님의 다섯번째 출간하는 경영서적의 추천사를 쓰는 영광에 대하여 무한한 신뢰와 성공을 기원합니다.

법무법인 로뎀 대표변호사 임 순 호

지은이의 글 | 기업 주인으로의 초대

우리가 살고 있는 21세기를 흔히 무한경쟁의 시기라고 말한다.
세계는 빠르게 모든 산업이 교통의 발전과 통신의 세계화로 인해 총성 없는 전쟁을 전, 후방 없이 치루고 있다.

국가의 근간인 중·소기업을 어떻게 지원하고 육성하느냐에 따라 국가의 존망도 있고, 기업을 통하여 국민의 복리증진을 국가의 최대 관심사이자 목적인 시대에 살고 있다.

저자는 십수년간 벤처기업을 설립하고 운영하며, 국가경제 발전에 이바지하고자 했으며, 투자를 통해 함께한 벤치기업이 오롯이 홀로 척박한 국세 경세 환성 속에서도 기업을 설립하고 고용을 창출하며, 세계시장에서 "KOREA"라는 이름을 드높이고자 악전고투하는 많은 벤처회사들을 초기에 발굴하여 아낌없는 지원을 하였다.

이 책의 집필의도는 초기회사에 투자하는 선한투자자(angel)를 위한 목적과 유니콘기업을 발굴하는 투자의 가이드 역할을 하기 위해 자료를 취합하고 경험을 녹여 내서 쓰기 시작한 것이다.

본인이 투자한 기업과 함께 성장하고 함께 고민하며, 함께 수익을 나눌 수 있었던 많은 경험 중에서 기본적으로 좋은 회사를 찾아 객관적인 평가방법에 따라 평가하고 산출된 결과물을 독자들과 함께 나름 부족한 지식과 식견을 공유하는 것이 이 책의 사명이고, 최종 목적이다.

일반인도 좋은 회사를 평가할 수 있는 간단한 기본지식을 습득하여, 투자라는 새로운 세계에 입문할 수 있도록 세상에서 가장 기초적인 입문서를 내기로 마음 먹었다.

투자의 세계에서는 "백문이 불여일견"보다 "백견이 불여일행"이라는 말이 정론이다.

수많은 이론을 겸비하여도 실제적으로 행하지 않고 고민하지 않으면, 나중에 큰 수업료를 낸다는 진리와 적은 수업료로 예방주사를 맞는 것처럼 직접 실행한 산 교육만이 실제적으로 자신의 금융지식 및 경제지식을 한 단계 Upgrade 시킨다는 소신으로 가장 기본적인 사항에 대하여 기술하는 것이다.

"기업은 살아있는 유기체"로서 인간의 수명은 한정되어 있지만 기업은 세대를 뛰어넘어 영원불멸하게 살아가는 것이다.

　수백년을 이어 내려오는 장수기업이 나오기 위해서는 무수히 많은 기업들이 시대와 환경에 적응하지 못해 도태되고 사라진 후에 새롭게 리모델링되면서 짧게는 몇년 길게는 몇십년만에 생을 마감하는 모습을 우리는 목격할 수 있다.

　한때 세계를 호령했던 많은 기업도 내부적인 문제, 세계경제현상의 문제를 미리 예견하지 못하여 쓸쓸히 무대뒤편으로 퇴출되는 모습도 숱하게 목격했다.

　우리가 지금 살고 있는 21세기는 정보의 전달 및 활용이 빛처럼 빠르게 소통하며, 새로운 인포메이션(information)을 만들고 그것을 다시 재 생산되어 끊임 없이 반복 재생산되는 초유의 시대에 살고 있다고 본다.

　누구나 본인의 역량과 재능만으로는 이렇게 복잡하고 거대한 세상에 혼자서 모든 문제를 해결하는 것이 불가능하다는 것을 모두 알고 있다.
　조금의 실수로 인해 불확실한 세상에서 나만 홀로 쓸쓸히 인생의 뒤안길로 물러설수도 있다는 불안감을 느끼고 있으며, 40대에서 50대사이에 인생의 황금기를 땀과 눈물을 쏟으며 만든 남의 회사에서 무참하게 쫓겨나게 되어 어쩔 수 없이 "고용불안" "창업실패" "경험부족"을 해결할려고 무리하게 소규모 자본으로 창업을 하여 가족들에게 끔찍한 경제적 부담을 지어주는 오판을 하게 되는 경우도 많다.

그리하여 본 저자는 투철한 기업가정신(Entrepreneurship) 없이 창업을 하여 많은 고통을 경험하는 것보다는 함께 공유하고 상생을 할 수 있는 "협력적 투자자", "현명한 투자자"가 될 수 있도록 투자에 앞서 기초적인 지식을 맛볼 수 있게 설명을 하고자 집필을 결심하게 됐다.

회사를 경영하거나 다른 회사에 투자했을 때 투자로 인한 책임은 모두 본인에게 귀속된다는 생각을 잊지 말아야 한다. 투자의 세계에서는 투자의 수익도 본인 몫이고, 투자의 손실도 본인의 몫임을 잊지 말아야 한다. 개별투자에 앞서 많은 이론적 무장을 하여 무한경쟁시대에 살아 남을 수 있는 유능한 사람이 되었으면 하는 바람이다.

누구나 꿈을 꾼다. 이 세상을 살아가는 중년 남자 누구에게나 자신이 경영하는 회사의 주인으로 많은 사람을 통솔하고 누구에게나 부러워하는 회사를 소유하고자 하는 욕망을 가지고 있을 것이다.

그러나 객관적으로 자신이 그것을 이룰 수 있는 능력(Ability)·재력(Wealth)·운(Luck)이 있는 사람인지 제 삼자의 시각으로 살펴본 후 자신에게 그러한 재능이 없다면, 자신보다 모든 능력이 뛰어난 사람을 찾아 협동 할 수 있는 방법을 찾아 함께 수익을 나눌 수 있는 방법을 찾아야 할 것이다.

자신이 함께 협력 할 기업이라는 큰 배를 선발하여, 본인의 피같은 돈으로 배삯을 치루고 함께 망망대해를 여행하더라도 그 배의 선장의 리더쉽과 그 배의 강·약점을 잘 알고 승선한다면 배가 침몰할까 불안해 하던가 다가올 가까운 위험을 회피할 수 있을 것이다.

이 책을 통하여 녹자 여러분들이 "유니콘기업"이라는 존재와 시스템을 이해하고 기업과 함께 수익을 얻을 수 있는 옥·석을 분간하는 기초를 얻고 어느 정도 자신만의 내공을 쌓게 된다면, 그를 통해 단기간에 "구글"이나 "페이스북(Facebook)", "우버(Uber)", "에어비앤비(Airbnb)"처럼, 성장 발전하는 초기기업을 발견하고 남들보다 더 빨리 투자하여, "기업의 주인 – 주주"가 된다는 식견을 마련한다면, 여러분의 삶이 조금 더 윤택 할 것이라고 저자는 믿는다.

좋은 기업의 발굴은 많은 경험과 노력 없이는 이룰 수 없는 꿈과 같기에 열심히 지식을 습득하고, 본인이 습득한 지식에 맞춰 실행함으로써 많은 달콤한 과실을 누구보다 빨리 현명하게 투자한 사람과 함께 공유하자는 것이 저자의 목표이다.

주주가 된다는 것은 자신이 투자한 지분만큼 그 회사를 소유한다는 마음으로 가슴이 뛰는 기업을 발굴하여 투자할 수 있는 혜안을 갖도록 지금 부터라도 나만의 기업공부를 시작하자.

"늦었다고 생각할 때가 가장 이른 때"라는 말처럼 인생은 평생 공부하며, 지식을 쌓아가는 과정을 통해 경제적 윤택함을 찾는 멀고먼 항해와 같다.

깊은 바다밑 뻘속에 숨어 있는 진주와 같은 멋진 기업을 남보다 빠르게 캐어내어 함께 공부하고 연구해서 찾을 수 있는 혜안을 여러분에게 제시하고자 한다.
그렇다고 이 책 한권만 열심히 봤다고 엔젤투자 성공을 장담하지 않는다.
조금 더 현명한 투자에 필요한 지식을 원한다면 "성공 **BIZ 컨설팅 노트 1권과 2권**"도 함께 구입 해 읽는다면 더욱 훌륭한 투자자가 될 것이라고 본 저자는 확신한다.
끝으로, 이 책이 나 올 수 있도록 가정살림과 내조에 힘써 주며, 묵묵히 본인을 믿고 지켜봐 준 결혼 17년차 사랑하는 아내 김효훈님과 사랑스러운 아들들 ; 첫째 이재용(강남 로봇고 1학년), 둘째 이수현(삼전초등학교 6학년)에게 항상 사랑한다는 말을 전하며, 책의 출간을 위하여 물심양면으로 아이디어와 본인의 중요한 발표논문을 실을 수 있도록 흔쾌히 허락해 주신 국민대학교 글로벌 창업벤처대학원 부교수 겸 국민대학교 창업보육센타장이신 황보윤교수님께 진심어린 감사를 드리며, 출판을 위해 아낌 없는 지원을 제공한 출판사 모든분께 고맙다는 말을 전합니다.

"자! 이제 새로운 투자의 눈으로 하늘을 나는 유니콘(unicorn)과 같은 기업을 찾아 현명한 투자자 마인드로 기업투자의 바다를 향해 우리 함께 새로운 항해를 시작하자 "

총괄저자 이 현 수

오늘의 명언

"자신의 마음이 유쾌하면 온종일 걸어도 신이 나고, 마음의 괴로움이 있으면 아무리 가까운 십리 길도 출발도하기 전에 지친다."
_ 윌리엄셱스피어-

게리하멜 Gary Hamel
대학교수 작가
출생 1954
소속 런던비즈니스스쿨(객원교수)
경력 1983-영국 런던비즈니스스쿨 전략 및 국제경영 담당 객원교수
사이트 공식사이트

경영자들에게 가장 큰 영향력을 행사하는 경영대가.

세계적인 경영컨설턴트로, 전략혁신이론의 대가로 꼽히는 게리하멜, 그는 1983년부터 런던비즈니스스쿨(London Business School)에서 전략및 국제경영 담당교수로 재직하고 있으며

런던비즈니스스쿨 부설 경영혁신연구소와 컨설팅기업 스트라테고스(Strategos)의 설립자이기도 하다. 그가 창안한 '핵심역량(Core Competency)' '전략적의도 (Strategic Intent)'등의 용어는 경영학에서 중요한 키워드가 됐다.

"미래의 나를 만드는 것은 현재 내가 가진 것이 아니라, 내가 집착하고 끊임없이 추구하고자 하는 것이다." _ Gary Hamel

워런 버핏 (Warren Buffett)
기업인
출생 1930년 8월 30일, 미국
소속 버크셔해서웨이(CEO)
경력 2006 빌 앤 멜린다 게이츠 재단 이사
사이트 공식홈페이지, 트위터

워런버핏의 10가지 투자이야기

1. 가치투자자가 돼라. 아주 오랜 세월 증명된 효과적인 투자법이다.

2. 부자가 되고 싶은가? 남들이 공포에 질렸을 때 욕심을 내고, 남들이 욕심을 낼 때 조심하라.

3. 투자 1원칙, 절대 돈을 잃지 말라. 투자 2원칙, 절대 1원칙을 잊지 말라.

4. 사업을 이해하지 못한다면 그 회사 주식은 사지 마라.

5. 가격은 당신이 내는 것이고, 가치는 당신이 얻는 것이다. 주식이 아닌 회사를 사라.

6. 주식을 사기 전에 한 줄로 이유를 답하라. "나는 코카콜라 주식을 50달러에 산다. 왜냐하면…"

7. 주가가 반토막 나났다고 겁에 질려 마구 팔아 치울 주식이라면 결고 투자해서는 안 된다.

8. 진짜 능력은 얼마나 많이 아느냐가 아니다. 자신이 아는 것과 모르는 것이 뭔지 아는 것이다.

9. 무리한 빚을 내서 투자하지 마라. 이는 마치 단검을 핸들에 꽂은 채 운전하는 것과 같다.

10. 나는 다른 어떤 것보다 술과 빚 때문에 실패한 사람을 많이 봤다.

목 차

추천사_법무법인 로뎀 대표변호사 임순호 … 8
지은이의 글_기업 주인으로의 초대 … 11

    인트로(INTRO) – 이정도는 알고 시작하자 … 25
    ● 쉬어가는 페이지 ① … 46

Part 1   어떤 기업을 유니콘(unicorn)기업이라고 말하는가? … 49

    1) 스타트업기업, 유니콘기업, 데카콘기업의 차이점은 무엇인가 … 50
    2) [K유니콘 키운다]리멤버에서 키즈노트까지…뜨는 스타트업 뒤엔 'TIPS' 있었다 … 57
    3) 세계 100대 핀테크기업(국가별 핀테크 도입률) … 64
    ● 쉬어가는 페이지 ② … 65

Part 2   유니콘기업(unicorn)을 발굴하는 기본적인 Tool … 69

    1) 떡잎부터 다른 성장유망 기업의 특징 … 70
    2) 모든 일의 시작은 인재 – 회사도 사람이 경영한다.(CEO평가 중요포인트) … 70

3) 누구에게나 처음이 중요하다 - 성장기업의 기본적 분석 및 재무 분석　　79
　　● 쉬어가는 페이지 ③　　111

Part 3 가치 있는 기업의 초 간단 평가 방법 Tool　　115

　　1) 기업가치 평가란?　　116
　　2) 기업이 창출하는 현금 흐름 할인법에서 찾는 기업의 가치　　118
　　3) 기업의 순자산 가치 평가를 통해서 찾는 기업의 가치　　123
　　4) 유사회사 선정 시 고려사항　　126
　　5) 성장가치 있는 기업을 선정하기 위한 공통변수　　127
　　● 쉬어가는 페이지 ④　　133

Part 4 우리는 천사(angel)다 : 엔젤투자의 이해 및 엔젤투자자　　137

　　1) 엔젤은 정말 천사인가?　　138
　　2) 엔젤 투자자들이 발굴하는 좋은 기업의 일반적인 절차　　141
　　3) 엔젤 투자 시 장외시장의 이해와 투자절차 및 참고사항　　143
　　4) 장외기업 투자와 관련된 세제 및 절세전략　　149
　　● 쉬어가는 페이지 ⑤　　153

Part 5 유니콘(unicorn)기업 투자 후 Exit 방법   157

1) 기업공개를 통한 투자자금 회수 : IPO 절차(코스닥 상장 시 장점)   158
2) 장외시장을 통한 투자자금 회수   180
3) M&A를 통한 투자자금 회수   182
4) 투자회사로 부터 직접적인 투자자금 회수   182
● 쉬어가는 페이지 ⑥   186

Part 6 유용한 지분의 법적 행사권(소수주주권)   189

1) 개념   190
2) 제도 설립의 취지   190
3) 소주주권의 종류   190
4) 단독주주권   192
● 쉬어가는 페이지 ⑦   195

Part 7 알아두면 유용한 기술창업 정부지원 사업   199

1) 2019년 초기창업패키지 (예비)창업자 모집 공고   200
2) 2019년도 「1인 창조기업 마케팅 지원사업」 창업기업 모집공고   201
3) 2019년 글로벌 엑셀러레이팅 지원사업 참가 창업기업 모집   202
4) 「2019년 창업도약패키지 지원사업」 사업화지원 창업기업 모집 공고   203

5) 2019년도 창업성장기술개발사업 '디딤돌 창업과제'
　　제1차 시행계획 공고(여성참여 · 소셜벤처과제 포함)　　　　204
　● 쉬어가는 페이지 ⑧　　　　205

Part 8　아너스엔젤투자클럽 회원의 나의 성공 창업 아이템 비법 공개　207
　　　　 - 초기 스타트업 게임 개발사의 개발 요건

Part 9　엔젤 투자 클럽(HAIC) 소개　　　　231

Part 10　저자들의 경력(career) 및 감수자들의 Reference　　　　239

■ 참고문헌　　　　245

인트로(INTRO) - 이 정도는 알고 시작하자

2019년 유니콘 기업의 특징과 현황

• 전세계 유니콘 기업의 현황

유니콘 기업이라는 용어는 성장하기도 전에 10억 달러(1조 원) 이상의 기업 가치를 가지는 것이 마치 유니콘과 같이 현실에 존재하기 어렵다는 의미로 생겨났다.

적어도 2013년 여성 벤처 투자자인 '에일린 리(Aileen Lee)'가 처음 이 의미를 사용할 때까지는 그랬다는 뜻이다.

2019년 현재에는 세계적으로 매주 1-2개씩 유니콘이 생겨나고 있어 희소성에 포인트를 준 해설이 아니라 독특함을 실은 의미로 이해하는 것이 더욱 적절하지 않을까 하는 생각이다.

사실 스타트업에 대해 잘 모르는 일반인들에게는 제대로 성장하지도 않은 기업이, 수익을 내지 못함에도 불구하고 매출의 수십 ~ 수백배의 가치로 평가받는 것을 이해하기가 쉽지 않다.

그럼에도 불구하고, 전 세계의 유니콘 시장은 폭발적으로 커나가고 있다.

2019년 중국 시장 분석 기관 투중연구원(投中硏究院)에 따르면 2018년 전 세계 가장 많은 유니콘 기업을 보유한 국가는 중국인 것으로 분석됐다.

전 세계 유니콘 기업 총 326개에서 중국이 150개로 107개의 미국을 제치고 1위로 올라섰다.

2018전세계유니콘수

단위: 개,%

국가	유니콘수	비중
중국	150	46%
미국	107	33%
영국	12	4%
인도	12	4%
한국	7	2%
독일	7	2%
인도네시아	4	1%
이스라엘	4	1%
스위스	3	1%
프랑스	3	1%
기타	17	1%

[출처 : 뉴스핌]

시가총액 상위권의 유니콘기업만을 놓고 봤을 때 비중이 가장 높은 국가는 미국이나, 그마저도 무서운 기세로 치고 올라오는 중국기업에게 자리를 내줄 가능성이 높다.

시총 1위 기업만 해도 '틱톡'이라는 짧은 동영상을 공유하는 플랫폼을 운영하는 중국기업 바이트댄스로, 기업가치는 750억달러, 우리나라 돈으로 90조가 넘는다.

2위는 차량공유 서비스를 주요 사업모델로 가진 미국의 우버로, 기업가치는 720억달러다.

3위는 중국의 디디추싱. 우버와 같이 차량공유 서비스를 제공하는 기업으로 560억달러 가치를 지닌다.

사실 기업가치의 구체적인 숫자는 큰 의미가 없다.

워낙 빨리 성장하는 기업들이다 보니 자고 일어나면 몇십억 달러, 몇 조 정도는 수시로 변하기 때문이다.

바이트댄스의 경우 지난해 소프트뱅크 등으로부터 30억달러 투자를 유치했고, 우리나라의 쿠팡도 조 단위 투자를 받았다.

분야별로는 인터넷 SW·서비스 분야가 약 36% 로 가장 많았고, e커머스 21%, 핀테크 17%, 헬스케어 15%, 기타 11% 정도의 비중을 차지해, 온라인/모바일 소프트웨어 관련 분야가 절대다수를 차지하고 있다.

최근 중국 스타트업의 성장세를 보면 경이를 넘어 공포감을 느낄 정도라 할 수 있다. 기존 유니콘 기업의 개별 가치가 어마어마하게 커졌으며 유니콘이 되기까지의 기간도 급격히 짧아지고 있다.

무엇보다도 3~4일에 하나씩 신규 유니콘 기업이 생길 정도로 스타트업 생태계가 급성장을 하고 있다는 부분은 향후에도 상당 기간 동안 지속적인 발전이 가능하다는 것을 보여주는 증거라 할 수 있다.

중국 스타트업의 성장을 뒷받침해 주는 든든한 한 축은 활발한 기업공개이다.

이들은 멀게는 미국, 가까이는 홍콩 증시 등을 통해 끊임없이 IPO를 추진하여 이미 알리바바 타오바오의 대항마로 미국증시 입성에 성공한 핀둬둬(拼多多, 인터넷쇼핑)을 비롯하여 메이탄뎬핑(美团点评, 배달중개서비스), 통청이룽(同程艺龙, 온라인여행사), 바오바오수(宝宝树, 육아플랫폼), 비터다루(比特大陆, 가상화폐 채굴기 생산) 등의 다양한 스타트업들이 홍콩증시 등에 IPO를 성공했거나 진행중에 있다.

중국 유니콘들의 특징 중 하나는 어마어마한 자금을 앞세운 투자와 유니콘끼리 합병하는 슈퍼 유니콘의 탄생이다.

2019년의 경우 디디추싱, 진르터우탸오(바이트댄스), 징둥금융(京东金融), 만방그룹(满帮集团) 등에 거대자본이 투입된 것을 비롯하여 알리바바의 핀테크 계열사인 앤트파이낸셜이 음식배달 플랫폼 어러머(饿了么)를 95억달러(약 10조 6500억원)에 인수하고, 뒤를 이어 텐센트를 등에 업은 O2O 기업 메이탄뎬핑이 공유 자전거 기업 모바이크(摩拜)를 인수하는 등 활발한 인수합병이 계속 일어나고 있다.

이에 중국 혁신산업 생태계는 텐센트계와 알리바바계의 양강구도로 개편되고 있는 중이다.

이들은 일반 유니콘의 규모를 넘어서는 슈퍼 유니콘(데카콘이라고도 부르는)을 만들어 전 세계 시장을 장악하려 하고 있다.

수 조원 ~ 수십 조원에 달하는 규모의 자금은 어디서 나오는 걸까.

중국이 폐쇄적인 사회주의 국가이기는 하지만 무작정 위안화를 찍어내는 것은 아니다. 대규모 자금은 크게 두 부류에서 나오는데, 세쿼이어캐피탈차이나, IDG캐피탈, 매트릭스파트너스차이나, SZVC 등을 위시한 벤처캐피탈/사모펀드가 한 부류이고, 또 한 부류는 글로벌 규모의 IT 기업 - 텐센트, 알리바바, 바이두, 샤오미 등 – 이다.

텐센트와 세쿼이어캐피탈차이나의 경우 30곳이 넘는 유니콘에 투자하고 있으며, 알리바바, 샤오미 등도 20곳 이상의 유니콘을 확보하고 있다고 한다.

• 대한민국 유니콘 기업의 현황

우리나라의 유니콘 관련 현황은 어떨까?

2020년 현재 우리나라의 유니콘 기업은 총 7개가 있으며, 2 ~ 3개의 기업이 유니콘의 문턱을 추가로 넘을 준비를 하고 있다.

대한민국 유니콘 기업의 1번타자는 쿠팡이다.

2015년 2월 최초로 유니콘이 된 기업으로 대한민국 국민이면 누구나 다 아는 소셜커머스 및 오픈마켓 운영기업이다.

이 동네 사정을 잘 아는 사람에게는 세계적으로 손꼽히는 거부 사업가인 재일교포, 소프트뱅크의 대표인 손정의가 3조원에 육박하는 돈을 투자한 기업으로도 잘 알려져 있다.

쿠팡이 큰 폭으로 성장하고 손정의의 눈에 들게 된 이유는 "로켓배송" 이다.

배송 서비스를 외부 배송업체에 맡기는 일반적인 e커머스 업체들과 달리 쿠팡은 쿠팡맨을 정규직으로 직접 채용하여 퀄리티 높고 빠른 배송을 진행함으로서 타 업체들과의 차별점을 만들어낸 뒤 이를 부각시켜 시장점유율 1위를 달성하였다.

쿠팡은 2010년 8월 10일, 하버드 대학교 졸업 후 보스턴컨설팅그룹(BCG)을 거쳐 하버드 비즈니스 스쿨을 졸업한 김범석 대표가 창업, 서비스 개시 3년 만에 연간 거래액 1조원을 기록하였으며, 2018년 11월 소프트뱅크 비전펀드로부터 20억 달러(약 2조 2000억) 투자를 받아 기업 가치가 90억달러(약 10조3000억원)로 껑충 뛰어 2020년 현재 전 세계 유니콘 기업 20 안에 들어갔다.

쿠팡은 티켓몬스터에 이어 미국 그루폰을 벤치마킹한 소셜커머스 회사로 시작하였지만, 현재 그루폰 시총 (약 2조원)의 5배에 달하는 기업으로 성장하였다.

일반 전자상거래 회사로의 사업모델 전환과, 젊은 직장 여성의 니즈를 꿰뚫은 로켓배송 서비스를 통해 "세계에서 가장 빠른 배송" 이라는 차별화로 혁신적인 성장을 이끌어가고 있어, 아마존의 한국 진출에 있어서의 유일한 경쟁자로 평가받고 있다.

두 번째 유니콘 기업의 바통을 옐로모바일이 이어받았다.

옐로모바일은 지주사의 형태를 갖추고 경영컨설팅 서비스업을 주로 하는 독특한 사업모델을 가지고 있는데, 그러한 사업모델 덕분에 엄청난 속도로 성장할 수 있었다.

유망 스타트업과 주식 지분을 서로 교환하는 방법으로 굿닥, 피키캐스트, 딩고 등 다양한 서비스 플랫폼을 가지고 있는 120여개의 벤처 기업 연합체를 구성하는데 성공한 옐로모바일은 조직의 특성상 빠른 규모로 몸집을 키우고 용이하게 투자를 받으며 업계의 주목을 받게 되었지만, 2019년 현재 부채비율 한도 위반, 일본업체 주식매각대금 소송 패소, 옐로스토리(레뷰), 케어랩스(굿닥, 바비톡) 등 핵심 연합체의 분사, 코인원의 자금 처분 등의 많은 이슈로 유니콘 지위의 사수가 어려운 상황이다.

세 번째 유니콘기업으로는 크래프톤. 옛 이름은 블루홀이다.

주요 사업 영역은 온라인 / 모바일 게임 개발 및 공급이며, 배틀그라운드라는 걸출한 게임 하나로 전세계 시장을 평정하였다.

2018년 9월 유니콘 기업의 반열에 올라섰으며, 기업 가치 최대 50억달러(약 6조원) 회사가 되었다.

회사의 창업주는 정부 4차산업혁명위원회 위원장을 맡고 있는 장병규 회장이다.

그 역시 쿠팡의 김범석 대표와 마찬가지로 우리나라에 보기 드문 연쇄 창업가로, 1997년 네오위즈(온라인 포털), 2005년 스노우(검색엔진)의 창업자 명단에 이름을 올리고 있는 유명인사다.

이후 2007년에 창업한 블루홀은 2011년에 대작 온라인게임 '테라'를 출시했고, 이후 여러 개의 게임을 거쳐 2017년에 현재 자회사인 펍지(PUBG)의 '배틀그라운드'가 만루홈런을 날리며 글로벌 매출 1조원을 넘겼다.

네 번째 2개월 뒤인 2018년 10월 엘엔피코스메틱이 네번째 유니콘으로서 명예의 전당에 입성하였다.

우리나라가 배출한 유니콘 기업은 대부분 디지털 기술을 기반으로 한 플랫폼 스타트업인데, 얼마 안 되는 예외 중 하나인 엘엔피코스메틱은 메디힐 브랜드로 널리 알려져 있는 마스크팩 단일 품목만으로 누적 판매량 10억 장을 돌파한 큰 성공을 일구어냈다.

마스크팩은 일회용이라 품질만 좋으면 대기업 브랜드와 경쟁할 수 있다는 혜안으로 2009년 회사 설립때부터 1000원짜리 기존 마스크팩과 차별화한 제품을 개발한 전략이 주효했다.

메이드인 코리아 최고급 마스크팩에 에센스 한 병을 통째로 담는 등 보습기능이 강한 제품을 선호하는 중국인들의 취향을 사로잡아 광고 한 번 없이 소비자의 입소문만으로 히트를 쳤으며, 광군제 화장품 인기 브랜드 1위, 중국 내 마스크팩 점유율 2위, 중국인 관광객들이 한번에 수백장씩 사가는 마스크팩으로 알려져 현재도 1초에 15개씩 팔리고 있다고 한다.

2018년 겨울에는 두 곳의 우리나라 기업이 유니콘이라는 별을 추가로 달게 되었다.

다섯 번째 비바리퍼블리카는 금융플랫폼을 개발, 운영하는 핀테크 업체이다.

송금의 혁명이라 불리우는 토스를 개발하여 보급한 업체로, 절차가 복잡했던 기존 송금 방식을 연락처 하나로 가능하게 만들었다.

치과의사 출신의 이승건 대표가 갓 서른에 설립한 회사에서 8번의 실패를 거친 이후 만들어낸 9번째의 작품으로 2015년 간편송금 앱을 출시, 3년만에 1200만명이 사용하는 국민 서비스로 만들어내었다.

수평적 소통과 함께 일하는 직원에 대한 무한한 애정으로 성장하는 회사로, 베트남 등 해외진출, 중금리 서비스 출시, 인터넷 전문은행 설립 등 끊임없는 신사업 개척을 진행하고 있다.

여섯 번째 우아한 형제들은 2018년 12월, 비바리퍼블리카와 함께 유니콘 대열에 합류하였다.

모바일을 이용한 배달 중개업체인 배달의 민족으로 유명하다.

오프라인 전단지를 온라인으로 가져와 B급 콘텐츠를 이용한 마케팅으로 고객들의 열광적인 지지를 받아냈다.

메인 업체인 배달의 민족에서 파생하여 배민라이더스, 배민키친, 배민상회,

배민문방구 등으로 사업 계열을 계속 확장하고 있다.

회사 자체의 서체를 개발하는 등의 차별화된 마케팅으로 유명하다.

2010년 네이버 출신 김봉진 대표가 두 평짜리 공간에서 시작한 배달의 민족은 아파트 경비실에 쌓여있는 배달 전단지를 6개월동안 일일이 수거하여 구축한 데이터베이스를 바탕으로 시작하여, '배달' 이라는 본질에만 집중하는 전략과 기발한 광고마케팅으로 100여 개의 기존 배달앱을 제치고 5년만에 연 매출 1조를 넘기며 국내시장을 평정했다.

우아한 형제들은 창업을 준비하는 이들에게 벤치마크 1순위로 꼽히며, 푸드테크 투자 및 코리아스타트업포럼 운영 등 후배 창업가 및 예비창업자들을 위한 발전의 장을 지속적으로 열어주려 노력하고 있다.

김봉진 대표는 2019년 현재 해당 포럼 의장을 맡아 스타트업을 대표하여 대정부 소통에 앞장서고 있다.

일곱 번째 유니콘 기업 신고식을 치른 업체는 야놀자이다.

어린 나이에 아버지를 여의고 초등학교 5학년이 되도록 한글도 읽고 쓰지 못하던 불우한 환경에서 자란 이승주 대표는 무일푼에 모텔 청소부로 일한 경험을 토대로 하여, 숙박업소 이용 후기 카페로 시작한 기업을 유니콘으로 성장시키는데 성공하였다.

창업자의 경험과 강력한 리더십을 바탕으로, 야놀자의 비전을 "여가의 질적 개선을 통한 놀이문화의 선도"로 삼아 좋은 숙박문화를 정착시키기 위해 모텔에 대한 부정적인 인식을 바꾸고 경쟁자들과 차별화된 서비스를 전개하였다.

숙박업체 연결 플랫폼에서 시작한 야놀자는 스마트폰 보급화가 급속히 진행되던 시절 앱을 통한 시장 사전 점유를 통해, 현재 리모델링, 숙박 프랜차이즈, 숙박 B2B 서비스 및 MRO, 문화컨텐츠 등 5가지 비즈니스 영역 16가지의 사업으로 영역을 확장하며 기존의 단순 숙박중개업에만 몰두하던 경쟁자들과의 대결에서 완승하였다.

"우수한 인재는 야놀자에서 다 데려간다"는 말이 나올 정도로 인재에 대한 과감한 투자에 힘쓰고 있으며, 숙박을 넘어서 이동, 레저까지 하나로 묶는 종합여가 플랫폼으로 진화하고 있는 중이다.

업 체 명	주요사업	유니콘 등록일	대표상품	특징
쿠팡	전자상거래	2015 02	쿠팡	소셜커머스/오픈마켓
옐로모바일	지주회사	2015 02	굿닥, 피키캐스트 등	벤처기업연합
크래프톤	모바일 게임	2018 08	배틀그라운드	PvP 온라인 게임
엘엔피코스메틱	생활화학, 화장품	2018 10	메디힐마스크팩	입소문만으로 중국시장 점유율 2위
비바리퍼블리카	모바일 핀테크	2018 12	토스	금융플랫폼
우아한형제들	모바일 앱	2018 12	배달의민족	독특한 아이디어가 넘치는 사업모델/마케팅
야놀자	온라인/모바일	2019 02	야놀자	숙박플랫폼

이밖에 1조원의 고지를 눈앞에 두고 있는 업체로는 위메프, 빅히트엔테테인먼트, 직방, 젠바이, 아이아이컴바인드 등이 있다.

• 전세계 유니콘 기업 순위

에어비앤비는 숙박시설이 하나도 없음에도 3,000만 명의 숙박 고객이 이용하는 기업으로 성장했고, 우버는 자동차를 한 대도 가지고 있지 않지만 300만 명을 실어 나르는 운송 서비스를 제공하고 있다.

최근 미국과 중국에서는 유니콘보다 열배나 큰 데카콘(Decacorn)이 속속 등장하고 있다.

데카콘은 블룸버그통신이 초거대 스타트업을 유니콘과 구분지어 표현하면서 처음 사용한 단어로, '유니(Uni)'와 '데카(Deca)'는 각각 '1'과 '10'을 뜻한다.

세계 유니콘 기업 순위

순위	기업	가치
1위	바이트 댄스 (중국, 콘텐츠)	750억 달러
2위	우버 (미국, 차량공유)	720억 달러
3위	디디추싱 (중국, 차량공유)	560억 달러
4위	에어비앤비 (미국, 숙박공유)	293억 달러
5위	스페이스X (미국, 우주로켓)	215억 달러
6위	스트라이프 (미국, 핀테크)	200억 달러
7위	팰런티어 테크놀로지스 (미국, 소프트웨어)	200억 달러
7위	위워크 (미국, 사무실 공유)	200억 달러
9위	루닷컴 (중국, 핀테크)	185억 달러
10위	줄랩스 (미국, 전자담배)	150억 달러

이미지출처: 좋은일컴퍼니 DB-2019 국내, 해외 유니콘 기업리스트, 특징, 랭킹정리

기업공개(IPO: Initial Public Offering) 전 기업 가치가 100억 달러($10 billion)를 넘어선 스타트업을 지칭하는 용어이다.

전 세계 유니콘의 순위는 해마다 크게 바뀐다.
2016년의 경우 시총 1위는 우버, 그 뒤를 이어 샤오미 – 에어비앤비 – 팰런티어 - 디디추싱 - 스냅챗 - 차이나인터넷 - 플립카트 - 스페이스엑스 - 핀터레스트 순이었는데, 2019년에는 이 중 5개 업체만 10위권 안에 남고, 우버는 1위 자리를 중국의 바이트댄스에 넘겨주었다.

2019년말 몇 몇 기업에 이슈가 발생함에 따라, 최종 순위는 또 변경이 있을 것으로 판단된다.
위워크는 거품 논란으로, 줄랩스는 전자담배유해성 부각 등으로 기업가치가 크게 낮아졌다.
순위를 바탕으로 추정컨대, 데카콘이 되면 글로벌 10 과 어깨를 나란히 할 수 있을 것으로 추정된다.
머지않은 미래에 대한민국에서도 데카콘이 하나쯤 나올 수 있기를 기대해본다.

- **대한민국, 새로운 유니콘 기업의 등장**

대한민국은 탈산업화의 도전에 직면해 있다.

우리에게 주어진 과제는 명확하다.

우리 다음 세대가 국가간의 경쟁에서 살아남기 위한 역량을 키울 수 있도록 하는 것이다.

이를 실현하는 데 가장 필요한 것이 바로 개성과 다양성을 인정하고 이를 창조적으로 구현할 수 있도록 적극적으로 지원해 주는 일이라고 생각한다.

거의 모든 스타트업은 구태와 기득권에 맞선 창의성과 혁신으로부터 출발한다.

전후 60년이라는 짧은 기간 동안 급격하게 성장한 대한민국은 추진력을 갖추기 위해 일방향의 사고에만 집중한 나머지, 지역적 사고와 다양한 문화에 대해 포용적이지 못하다.

배경과 나이를 뛰어넘는 유연한 사고방식과, 다채로운 의견을 받아들일 수 있는 조직만이 영속적으로 살아남을 수 있다.

혁신적이고 새로운 사고방식과 기술로 유니콘의 문턱을 넘어서고 있는 유망 스타트업 세 곳을 살펴보도록 하겠다.

첫 번째 주자는 밀리의 서재(대표 서영택)이다.

회사명과 같은 이름의 월정액 독서 앱을 운영하고 있는 밀리의 서재는 2019년 신용보증기금 '혁신아이콘'에 선정되었다.

2016년 7월 설립 이후 3년여 만에 국내 최대 월정액 독서 앱으로 성장한 밀리의 서재는 4만여 권에 달하는 전자책을 보유하고 디바이스 특징에 따른 독서 환경 마련, 세계 최초 채팅형 독서 콘텐츠, 유명인이 읽어주는 리딩북 등 다양한 콘텐츠로 구독자들의 열띤 호응을 얻고 있다.

지난 2018년 총 100억 원 규모의 시리즈 B 투자를 유치한 이후 2019 대한민국 디지털경영혁신대상 콘텐츠 부문에서 중소벤처기업부 장관상을 수상하는 등 대외적으로도 사업 성과와 성장 가능성을 인정받고 있다.

해외에서 맹활약을 펼치고 있는 하이퍼커넥트는 이미 1조원 이상 가치가 기대되는 예비 유니콘 기업이다.

비디오와 AI 부문 세계 최고 기술력을 바탕으로 영상 메신저 '아자르(Azar)'를 통해 전체 매출 95%를 해외에서 뽑아낸다.

화면을 넘길 때마다 사용자들과 영상으로 연결되는 독특한 인터페이스(UI)로 서구권과 중동에서 큰 인기를 끌고 있는 아자르는 구글의 웹 프레임워크 WebRTC를 모바일에 최적화시켜 브라우저 간 P2P 통신으로 고품질 음성, 비디오, 데이터를 전송하는 기술을 모바일에서 최초로 상용화시켰다.

구글 클라우드 머신러닝 스피치 API 개발 초기 단계에서부터 기술 파트너로 참여, 자체 연구 조직을 갖춘 하이퍼커넥트는 이미지·영상 처리 분야에서 쌓아온 기술력을 바탕으로 최근에는 비디오, 음성, 텍스트 등으로 AI 연구 분야를 확장해 나가고 있으며, 8곳에 해외 오피스를 설립하고 외국인 직원을 직접 고용해 현지 언어로 마케팅을 진행하며 연 1000억의 안정적인 현금을 창출하고 있는, 신규 유니콘에 가장 근접한 기업 중 하나이다.

지피클럽(GP Club)은 화장품 제조 회사로는 엘엔피코스메틱의 뒤를 이어 두 번째 유니콘 기업으로 입성 중이다.

회사 이름은 생소하지만 JM 솔루션이라는 이름으로 널리 알려져 있는 마스크팩 제조업체이다.

판매 아이템도 엘엔피코스메틱과 동일하다.

한국의 조그마한 유통회사에 불과했던 지피클럽은 중국의 K뷰티 열풍 속에 뛰어들어 기존의 운영 노하우를 바탕으로 온라인과 모바일 시장을 집중 공략했다.

화장품 관련 제조기술이 전혀 없었음에도 불구하고 국내업체들의 뛰어난 화장품 제조 능력을 이용하여 자체 브랜드를 런칭, 중국의 거대 온라인 플랫폼 타오바오와 티몰을 통해 거래하고 수만명의 팔로어를 보유한 '왕홍'을 적극 활용하여 '꿀광 로얄 프로폴리스 마스크 팩'을 하루에 850만장 팔면서 대륙의 여심을 사로잡았다.

사드 문제로 우리나라 브랜드들이 중국에서 고전하는 동안 잘 알려지지 않는 브랜드의 장점을 살려 적극 공략한 것도 큰 성공을 하게 된 배경이다.

창업자 김정웅 대표는 2018년 한 해동안 5,140억의 화장품을 팔아치우는 능력을 선보이며 골드만삭스로부터 6,700만달러 투자를 받았다. 회사 가치가 13

억달러로 평가되었다는 의미이다.

• 유니콘 기업, 지원과 규제

우리나라의 유니콘 지원시책을 살펴보자.

정부당국은 핀테크 활성화를 통해 세계적인 핀테크 유니콘을 육성하기 위해 규제를 혁신하고자 노력을 기울이고 있다.

금융위원회 산하 핀테크 활성화 규제혁신 전담팀(TF)은 금융위와 금융감독원 외에 지급결제·플랫폼, 금융투자, 보험, 대출·데이터 등 각 분야의 민간 전문가들이 모여 현재 운영 중인 규제 샌드박스에서 추가로 필요한 사항을 발굴하고, 제도 개선을 추진하고 있다.

또 핀테크 유니콘이 활발하게 등장할 수 있도록 전담팀을 지급결제·플랫폼, 금융투자, 보험, 대출·데이터 등 4개 분과로 나눠 영국, 호주, 미국, 독일, 중국 등 해외 사업 모델을 분석해 국내 시장에 적용하는 것을 목표로 하고 있다.

또한 한국벤처투자를 통해 스틱벤처스, 코오롱인베스트먼트, SV인베스트먼트 3개 운용사를 선정하여 유니콘 펀드를 결성하였다.

SV인베스트먼트의 경우 KEB하나은행에서 앵커 자금 150억원을 수혈받고 여기에 신한BNPP창업벤처펀드와 개인 투자자로부터 115억원을 출자받았다.

해당 펀드는 국내 첫 민간 모태펀드로 투자 제한을 최소화하였다.

유니콘으로의 성장 잠재력을 갖춘 국내 중소벤처기업에 60% 이상 투자하는 것을 목표로 하고 있으며, 성장지원펀드 자펀드를 두고 자금 매칭을 이어가고 있다.

코스콤은 스타트업을 지원하기 위해 한국엑셀러레이터협회, KEB하나은행, 하나금융투자, 대전테크노파크 등과 함께 비상장주식 마켓플랫폼 '비 마이 유니콘'을 만들어 2019 연말 런칭하였다.

스타트업과 같은 초기 벤처·중소기업이 주주명부를 클라우드 등에서 관리할 수 있는 마켓 플랫폼인 비 마이 유니콘은 블록체인 기술을 접목해 비상장주식 거래 전 과정을 기록함으로서 투명한 주주명부 관리가 가능한 것이 특징이다.

OECD(경제협력개발기구) 보고서 'Doing Business 2019'에 따르면 대한민국 기업 환경은 2018년 기준 5위로, 미국보다도 3계단이 높다고 한다.

창업 환경의 경우에 있어서는 53위인 미국과 비교할 수 없을 만큼 우위(11위)를 점하고 있다.

그런데 유니콘 기업 숫자에 있어서는 전혀 다른 결과를 보여주고 있다.

단순히 언어환경의 유리함만을 가지고 설명하기에는 너무 차이가 크다.

전문가들은 국가별 스타트업 지원정책이 유니콘 성장격차 발생의 주 요소 중 하나라고 입을 모은다.

한국 스타트업이 유니콘으로 성장하지 못하는 가장 큰 원인 중 하나가 바로 과도한 규제라는 지적이다.

창조를 위해 불가피한 요소인 파괴와 혁신에 있어 기득권자들의 저항을 지나치게 의식하며, 신세계를 개척하고자 하는 이들을 범죄자로 낙인찍고 있다는 것이다.

세계적인 유니콘 우버와 디디추싱이 운영하고 있는 차량공유 서비스를 예로 들자면, 2018-2019년 현재 우리나라에서는 해당 서비스가 여러 장벽에 막혀 불법으로 규정되어 있고, 카카오모빌리티, 쏘카(타다) 등의 운송서비스 스타트업 대표들이 국가 차원에서 범법자로 내몰리고 있어 서비스를 진행할 수 없는 상황이다.

쿠팡의 경우도 화물운송법 등에 의해 끊임없이 규제를 받아왔고, 로켓 배송이라는 사업 모델을 실행하기 위해 막대한 비용을 소비하며 택배기사를 정규직으로 고용해 관리하고 있다.

이는 공유경제 모델에 의해 물류를 훨씬 저렴하게 해결할 수 있는 해외의 전자상거래 업체들과의 경쟁에서 커다란 패널티로 작용하게 된다.

거대한 투자를 유치하고 이를 성공으로 끌어내는 것은 창업가의 자질과 혁신적인 아이디어, 그리고 우수한 팀의 사업체 운영능력이 합쳐질 때 가능하다. 최근 중소벤처기업부의 로컬 크리에이터 지원 등 창업과 혁신을 통해 밀레니얼이 선호하는 일자리와 산업을 만들어내려는 정부의 노력에는 박수를 보내고 싶다.

전통적인 기존 산업을 보호하는 것도 중요하지만, 혁신기업의 발목을 잡는

데 사용할 과도한 규제는 이제 그만 만들고 전통산업의 영역에 대한 이주 대책을 세우고 이를 실천하는데 더 노력을 기울여 혁신산업이 빠르게 커 나갈 수 있도록 마중물을 부어줄 수 있는 정부를 기대하는 것이 부디 욕심이 아니길 바랄 뿐이다.

참고문헌[reference]

1조 기업 유니콘, 중국에선 3.5일에 하나씩 생긴다는데
https://news.joins.com/article/22972663

2평 쪽방서 시작한 '배달의 민족' 대박에 숨겨진 비밀
http://www.dt.co.kr/contents.html?article_no=2015051702100831746001
손정의는 왜 쿠팡에 빠졌을까
https://byline.network/2018/11/21-37/

스타트업 美·中은 포화상태… 동남아가 뜨겁다
https://biz.chosun.com/site/data/html_dir/2019/10/29/2019102903103.html

전자신문 : 해외유니콘기업과 우리 현실은
http://www.etnews.com/20190207000264

야놀자 : 경영사례 분석
https://brunch.co.kr/@choihs0228/95

모델개념 확바꾼 야놀자, 어떻게 성공했나 ?

http://news.appstory.co.kr/aboutcompany11989

2019 국내, 해외 유니콘 기업 정리
https://blog.naver.com/goodjob_company/221474456709

금융당국, 핀테크 유니콘 육성 위해 전담팀 가동
http://www.dt.co.kr/contents.html?article_no=2019101502109958038003&ref=naver

SV인베, 유니콘 펀드 결성 막바지 잰걸음
http://www.thebell.co.kr/free/content/ArticleView.asp?key=201910300100057150003555&lcode=00&page=1&svccode=00

로컬은 창조의 자원
http://news.chosun.com/site/data/html_dir/2019/11/01/2019110100005.html

밀리의 서재
http://www.readersnews.com

나서 K뷰티 신화 일군 김성웅 지피 클럽 대표
http://news.kbiz.or.kr/news/articleView.html?idxno=50018

좋은 점을 벤치마킹하라

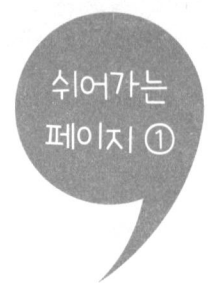

벤치마킹이란 우리에게 매우 익숙하지만
원래 토목공학에서 측량할 때 쓰는 기준점인
벤치마크(Bench Mark)에서 유래한 용어로
기업의 경영 철학에서 적용하는 용어입니다.

무언가의 나쁜 점을 보고 그것을 하지 말자는
'타산지석'이나 '반면교사'와 의미는 통하지만,
무언가의 좋은 점을 본받고 따라 하자는
'패스트 팔로워(Fast follower)'라는
2등의 전략이기도 합니다.

대표적인 벤치마킹 사례로 '제록스'가 자주 인용됩니다.
복사기 하면 '제록스'를 떠올릴 수 있을 정도로
1961년 제로그라피 복사기의 시판 성공 이후
줄곧 독점적 경쟁우위를 지켜왔습니다.

1970년대 전 세계 복사기 시장의 90% 이상을 독식했지만,

시장이 다양화되고 다른 후발 업체들의 거센 도전에
시장점유율이 40%까지 떨어지게 되었습니다.

그리고 자사 제품의 제조원가가 경쟁사 제품의
판매가와 비슷한 데서 자극을 받게 되어
혁신적인 벤치마킹을 도입하는데 그 대상은
바로 일본의 '캐논'이었습니다.

디자인, 가격정책, 원가관리, 생산관리, 품질관리, 판매 등
모든 것을 벤치마킹하고 그것을 회사의 경영과정에 적용,
개선해 나간 결과 품질 수준을 높였고,
결함 수를 낮추었으며 생산원가를 50% 절감하고
개발기간을 66% 단축하는 등 엄청난
경영성과를 올렸습니다.

그 결과 제록스 사(社)는 1986년 미국 시장에서
높은 시장점유율을 확보하면서 재기에 성공했습니다.
하지만, 변해가는 세상을 따라잡지 못하고
또다시 어려움을 겪고 있습니다.

지적 재산권이나 특허권이 강해진 지금은
기업 간의 벤치마킹이 예전보다는
어렵고 조심스러워졌습니다.

하지만, 조심할 필요가 없는 벤치마킹도 있습니다.
그것은 각자의 분야에서 성공한 사람들의
인품과 노력을 벤치마킹하는 것입니다.

성공적인 사람들이 행하는 일을 지속해서 행한다면
세상의 그 어떤 것도 당신이 성공적인 인물이
되는 것을 막지 못한다.
_ 브라이언 트레이시

어떤 기업을 유니콘(unicorn)기업이라고 말하는가?

1) 스타트업기업, 유니콘기업, 데카콘기업의 차이점은 무엇인가.

우선 기업을 평가하기 전에 우리가 찾아야 할 좋은 기업이 무엇인지 알고 진행해야 하겠다.

위키백과 사전에 따르면 스타트업에 대한 정의를 말하면서 이렇게 표현하고 있다.

(1) 스타트업(Start-up)

스타트업기업이란 신생 창업기업을 뜻하는 말로 2000년대에 들어와서 미국 실리콘밸리에서 처음 사용되었다.

보통 혁신적인 기술과 아이디어를 보유하고 있지만 자금력이 부족한 경우가 많고, 기술과 인터넷 기반의 회사로 고위험·고수익·고성장 가능성을 지니고 있는 기업을 말한다.

(2) 유니콘(unicorn) 기업

유니콘(unicorn) 기업이란 최소 기업 가치가 10억 달러(=1조원) 이상인 비상장 스타트업 기업을 말한다.

원래 유니콘이란 뿔이 하나 달린 말처럼 생긴 전설상의 동물을 말한다.

전설에서 말하는 것처럼 스타트업 기업이 상장하기도 전에 기업 가치가 1조원 이상이 되는 것은 마치 유니콘처럼 상상 속에서나 존재할 수 있다는 의미로 사용되었다.

유니콘기업에 대해서는 2013년 여성 벤처 투자자인 에일린 리(Aileen Lee)가 처음 사용하여 대중화 되었다.

지금 2018년도 기준으로 유니콘 기업에는 미국의 우버, 에어비앤비, 핀터레스트, 깃허브, 몽고DB, 슬랙, 에버노트, 중국의 샤오미, 디디추싱, DJI, 한국의 빗썸, 쿠팡, 빅히트엔터테인트먼트 등이 있다.

(3) 데카콘(decacorn)

데카콘(decacorn)이란 기업 가치가 100억 달러(=10조원) 이상인 비상장 스타트업 기업을 말한다.

원래 데카콘(decacorn)이란 머리에 10개의 뿔을 가진 상상 속의 동물을 말한다.

기업 가치가 1조원 이상인 비상장 스타트업 기업을 머리에 뿔이 1개인 상상 속의 동물이 유니콘(unicorn)에 비유했듯이, 기업 가치가 10조원 이상인 비상장 스타트업 기업을 머리에 뿔이 10개인 상상 속의 동물인 데카콘에 비유하였다.

데카콘이라는 용어는 미국의 경제통신사인 블룸버그가 처음 사용한 용어이다.

지금 2019년도 현재 데카콘 기업에는 미국의 우버, 에어비앤비, 중국의 샤오미, 디디추싱 등이 있다.

우리나라는 안타깝게도 아직까지 데카콘(decacorn)기업이 출현 할 수 있는 경제적 토양이 만들어지지 않아서 미국과 중국에 비해 스타트업기업의 위상이

낮다고 할 수 있다.

　한편, 유니콘으로 성장했다가 망한 기업은 유니콥스(unicorpse, 죽은 유니콘)라고 부르기도 하고, 유니콘기업의 100배(hecto) 가치를 가진 기업을 헥토콘(hectocorn)기업이라고 부른다.

[출처 : [네이버 지식백과] 스타트 업 (시사상식사전, 박문각)]

사례

유니콘 기업
[Unicorn 🔊]

요약 유니콘은 신화 속에서 등장하는 이마에 뿔이 하나 달린 말을 뜻하는데, 여기서는 최근 미국 실리콘밸리에서 큰 성공을 거둔 스타트업을 통칭하는 말이다.

'유니콘(Unicorn)'은 기업가치 10억 달러($1 billion) 이상, 설립한지 10년 이하의 스타트업을 뜻한다. 원래는 스타트업이 상장하기도 전에 기업 가치가 1조 원 이상 되는 것이 유니콘처럼 상상 속에서나 존재할 수 있다는 의미로 사용됐다. 2013년 여성 벤처 투자자인 '에일린 리(Aileen Lee)'가 처음 사용했다.

최근에는 '유니콘 버블'에 대한 우려가 커졌다. 제2의 '닷컴 버블'이라는 지적도 나온다. 하지만 당시와 상황이 다르다는 견해가 우세하다. 우선 모바일이나 소셜 시장 규모가 훨씬 크다. 인터넷 사용 인구가 1999년 4억 명에서 현재 30억 명 이상으로 7배 이상 늘었다. 단순 기대치가 아닌 사업성이 확실한 점도 버블 논란을 잠재운다.

숙박시설이 하나도 없는 '에어비앤비(Airbnb)'의 투숙 고객이 3,000만 명이고, 자동차를 보유하지 않은 '우버(Uber)'가 매일 고객 300만 명을 실어 나른다. 수많은 이용자를 기반으로 한 소셜미디어 업체는 광고형 콘텐츠를 이용하기도 한다. 예전보다 수익 모델의 정립이 잘 돼 있다. 상장도 서두르지 않는다. 기업 가치를 증명한 후 기업을 공개한다.

최근 미국 실리콘밸리에서는 유니콘보다 열배나 큰 데카콘(Decacorn)이 속속 등장하고 있다. 데카콘은 초거대 스타트업을 가리키는 신조어다. 기업공개(IPO: Initial Public Offering) 전 기업 가치가 100억 달러($10 billion)를 넘어선 스타트업을 지칭한다. '유니(Uni)'와 '데카(Deca)'는 각각 '1'과 '10'을 뜻하는 접두사다.

데카콘은 미국 블룸버그통신이 '에어비앤비(Airbnb)', '드롭박스(Dropbox)', '핀터레스트(Pinterest)', '스냅챗(Snapchat)', '우버(Uber)' 등 기업 가치가 100억 달러가 넘는 초거대 스타트업들을 유니콘 기업과 구분 지어 표현하면서 처음 쓰이기 시작했다.

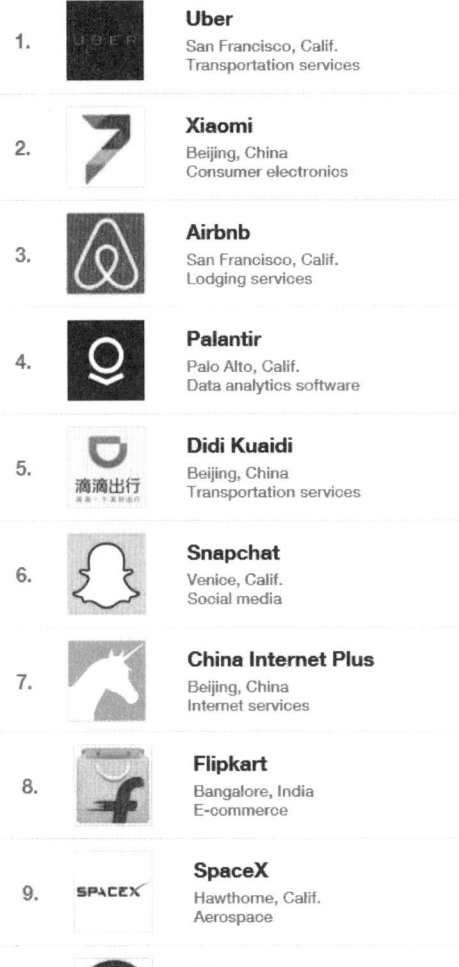

상위 10개 유니콘 기업들(2016년 1월 기준)

〈출처: 서울경제〉

반갑다, 새로운 '유니콘'들 우르르 탄생한다

뷰티·게임에 강한 한국… 몸값 1兆원 넘는 스타트업 내년엔 3~4곳 등장

마스크팩 '메디힐'로 유명한 화장품 업체 **엘앤피코스메틱**은 지난달 23일 글로벌 투자은행 크레디트스위스로부터 400억원의 투자를 유치했다. 이때 인정받은 회사 가치는 약 1조2000억원으로 알려졌다. 이 회사는 중국, 일본 등 전 세계 26국에 마스크팩을 판매하는 기업이다. 엘앤피코스메틱은 이번 투자 유치로 기업 가치 10억달러(약 1조1200억원) 이상의 스타트업(초기 벤처기업)을 뜻하는 '유니콘'의 자리에 오른 것이다.

2010년대 중반 이후 국내에서는 명맥이 끊겼던 유니콘이 다시 등장하고 있다. 엘앤피코스메틱뿐 아니라, PC 온라인게임 '배틀그라운드'로 유명한 게임업체 **블루홀**, 모바일 음식 주문·배달 서비스 '배달의민족'을 운영하는 **우아한형제들**도 이미 기업 가치 1조원을 훌쩍 넘겼다는 평가를 받는다.

여기에 모바일 간편 송금 서비스 '토스'를 제공하는 **비바리퍼블리카**, 방탄소년단(BTS)이 소속된 **빅히트엔터테인먼트** 등도 '유니콘'에 근접한 기업들로 꼽힌다. 스타트업계에서는 올해와 내년에 적어도 3~4개의 유니콘 기업이 탄생할 것으로 보고 있다. 현재 국내 유니콘 기업으로는 2014년, 2015년에 미국 실리콘밸리와 일본 소프트뱅크에서 각각 투자를 받은 **옐로모바일**과 **쿠팡** 등 2곳뿐이다.

◇화장품·게임·핀테크… 내년에 유니콘 3개 이상 나올 듯

배틀그라운드가 세계적으로 히트하면서 블루홀은 이미 기업 가치가 1조원을 훌쩍 뛰어넘었다. 최근 외부 투자자의 자금 투자를 받지 않아 정확한 기업 가치 평가가 이뤄지지 않았지만 장외 주식 거래가를 보면 최소 5조원 가치로 평가받고 있다. 블루홀의 관계자는 "지난 9월에 국내 벤처캐피털인 IMM인베스트먼트

우아한형제들은 올해 실적이 급상승하며 현재 기업 가치 2조원 이상으로 평가된다. 이 회사는 지난해 10월 네이버에서 350억원을 투자받을 때만 해도 기업 가치가 7000억원 정도였다. 이 회사 관계자는 "월 주문 건수가 지난해 1200만 건에서 올해 2300만 건으로 두 배가 됐다"며 "월 순방문자 수도 800만명을 넘어서면서 해외 투자자들이 깜짝 놀라는 상황"이라고 말했다.

비바리퍼블리카는 간편 송금 앱(응용프로그램) '토스'의 엄청난 성장세를 바탕으로, 1조원 안팎의 기업 가치가 있는 스타트업으로 꼽힌다. 비바리퍼블리카의 관계자는 "매출은 2년 전 35억원에서 지난해 205억원으로 늘었고, 올해는 작년의 3배인 600억원에 달할 전망"이라며 "다음 투자 유치 때는 10억달러 이상으로 평가받을 수 있을 것"이라고 말했다.

빅히트엔터테인먼트도 올 4월 게임업체 **넷마블**로부터 2014억원을 유치한 데 이어 지난달 스틱인베스트먼트에서 1400억원의 투자를 받았다. 이때 인정받은 가치가 9000억원에 달한다. 이 밖에 중동 시장에서 인기를 끄는 채팅 앱 '아자르'의 **하이퍼커넥트**, 부동산 정보 서비스 업체 **직방**, 최근 대규모 자금 유치에 성공한 클라우드(가상 저장공간) 분야 스타트업 **베스핀글로벌** 등도 유니콘 후보군으로 꼽힌다. 한 해에 하나 나오기 어렵던 유니콘이 쏟아지기 시작하는 것이다.

◇모바일 시대 전환기에 등장해 신규 시장 1위 장악

유니콘 후보군은 국내에서 스마트폰이 폭발적으로 보급되면서 모바일로 인터넷 주도권이 바뀌던 2010년대 초반 이후에 창업한 곳들이 대부분이다. 이때 정부가 적극적인 벤처 투자 지원 정책을 펴면서 벤처업계에 돈이 넘쳐 초기에 충분한 탄환을 확보했다는 공통점도 있다. 실제로 2013년 1조3845억원이던 국내 벤처 투자액은 2015년 2조원을 돌파한 데 이어 지난해에는 역대 최대인 2조3803억원을 기록했다. 풍부한 벤처 자금이 아이디어와 기술력으로 무장한 우수 스타트업들의 성장을 돕는 배경이 된 것이다.

또 이들은 음식 배달, 간편 송금, 클라우드와 같은 신규 시장에서 확고한 국내 1위 기업이다. 우아한형제들은 '요기요'와 '배달통'을 운영하는 독일계 **딜리버리히어로**를 제치고 국내 시장의 절반 이상을 차지하고 있고 비바리퍼블리카도 **네이버·카카오** 등 대형 인터넷 기업과의 간편 송금 경쟁을 이겨냈다.

김한준 알토스벤처스 대표는 "국내 시장이 미국·중국만큼 크지는 않지만 기업가치 10억달러 이상 유니콘은 충분히 여럿 나올 수 있는 시장"이라며 "이들 유니콘 기업은 국내에서 쌓은 경쟁력으로 차츰 해외 공략에서도 성과를 내며 더 크게 성장할 것"이라고 말했다.

실제로 하이퍼커넥트가 매출의 90%를 해외에서 벌어들이고, 베스핀글로벌이 국내보다 중국·중동 등 해외 시장으로 사업을 확장하면서 각국 국부펀드의 자금을 받을 정도로 해외에서 인정받고 있다. 박기호 LB인베스트먼트 대표는 "최근 투자가 집중적으로 이뤄지는 바이오·헬스케어 분야에서도 유니콘으로 성장할 기업들이 대거 나올 전망"이라고 말했다.

출처 - 조선일보

2) [K 유니콘 키운다] 리멤버서 키즈노트까지…뜨는 스타트업 뒤엔 'TIPS' 있었다.

팁스 성과

*9월말기준
자료:중소벤처기업부

지난 8일 부산 더베이101에서 진행된 '스타트업 페스티벌 2018'에서 TIPS 선발 창업팀과 국내외 투자자들이 한 자리에 모이는 TIPS 그랜드컨벤션 행사가 열렸다.

정재윤 브랜뉴테크 대표가 행사에 참석한 투자자 및 관계자들에게 비즈니스 모델을 설명하고 있다.

스마트폰으로 명함을 찍으면 그 속에 적힌 정보가 자동으로 내 폰에 저장되는 서비스, '리멤버'는 이용자 200만명 이상을 거느린 '국민 명함 어플리케이션(앱)'이다.

지난 2013년 7월 창업에 나서 '리멤버'를 세상에 내놓은 최재호 드라마앤컴퍼니 대표는 2017년 말 네이버에 투자자 지분을 매각하며 성공적인 창업가의 명성까지 얻었다.

최 대표는 성공 비결에 대한 질문을 받을 때마다 독특한 사업 아이디어와 그것을 현실화할 수 있는 기술, 든든한 동료, 그리고 팁스(TIPS) 프로그램을 항상 언급한다. 그는 "팁스는 재무적으로 불안정한 창업 초기에 자금조달 고민을 덜어주고 서비스 개발에 전념할 수 있도록 돕는 '스타트업의 우군'이나 마찬가지"라고 강조한다.

'팁스 예찬'은 리멤버에 국한되지 않는다.

어린이집 스마트 알림장 서비스를 제공하는 '키즈노트', 위암 예후 진단 키트를 개발한 '노보믹스', 세계 최초의 동적 모듈 기반의 보안 플랫폼인 '에버스핀' 등 국내외에서 손꼽히는 스타트업이 모두 팁스가 골라낸 원석들이다.

이들은 자신의 성장 가능성을 팁스를 통해 인정받고 후속 투자를 이끌어 내거나 인수·합병(M&A) 기회를 거머쥘 수 있었다고 입을 모은다.

1>기술 스타트업 보육에 최적화=팁스(TIPS) 프로그램은 기술(Tech)과 보육(Incubator Program)의 대상인 스타트업(for Startup)에 집중하기 위한 목적으로 마

련됐다.

'될 성 부른' 스타트업을 키울 인큐베이터 운영기관을 공개경쟁 입찰방식으로 선정하고, 이들이 지원하고자 하는 기술창업팀을 선정하면 최대 3년까지 투자를 지원한다. 체계적인 보육 과정을 거쳐 성공적인 졸업과 후속투자를 돕는 것이 핵심 목표다.

팁스의 첫 단추는 지난 2012년 3월, 해외의 성공적인 연구개발(R&D) 사례를 조사하기 위해 성공적인 벤처 육성으로 각광 받았던 이스라엘 등지로 견학 갔던 때로 거슬러 올라간다.

아직까지 4차 산업혁명이 주목 받지 못했지만, 정부 차원에서 한발 먼저 물꼬를 트기로 결심하고 이듬해 8월 운용사를 통해 지원 업체 선발에 나섰다.

팁스의 성공 가능성이 높게 점쳐지자 2015년에는 서울 역삼동에 팁스타운을 조성해 투자와 보육 외에도 스타트업이 서로 교류하면서 성장할 수 있는 공간까지 제공하고 있다.

팁스를 담당하는 권혁상 중소벤처기업부 사무관은 "기존 이스라엘에 있던 T.I.(Technological Incubator) 프로그램은 글로벌 시장형 창업 연구·개발(R&D)에 방점을 두고 있다"며 "우리나라는 여기에다 비즈니스 모델의 사업화와 해외 진출 등까지 모두 연계해 패키지 형태로 지원하며 한 단계 더 진화한 지원 프로그램을 선보인 것"이라고 설명했다.

긴밀하게 연결된 창업 지원의 고리는 해외에서도 부러움을 한 몸에 받는 대표적인 성공 사례로 꼽히고 있다.

조영수 창업진흥원 민관협력부장은 "팁스 운용사로 참여 중인 벤처캐피털(VC)이나 엔젤 투자자들이 자신들이 투자한 기업들을 해외 네트워크를 통해 열심히 홍보하고 있어 자연스럽게 팁스 프로그램이 실리콘밸리 등 해외 스타트업계에도 인지도가 높아졌다"며 "태국 정부는 우리 정부와 민간이 협력한 팁스 모델을 배우러 찾아오기도 했고, 한국 주재 외국 대사관 인력들이 자주 찾아와 창업 지원 프로그램을 벤치마킹하고 있다"고 소개했다.

현재 팁스타운에는 주한 프랑스 대사관 인력이 별도로 파견돼 한불 스타트업 간 협업을 진행하고 있다는 설명이다.

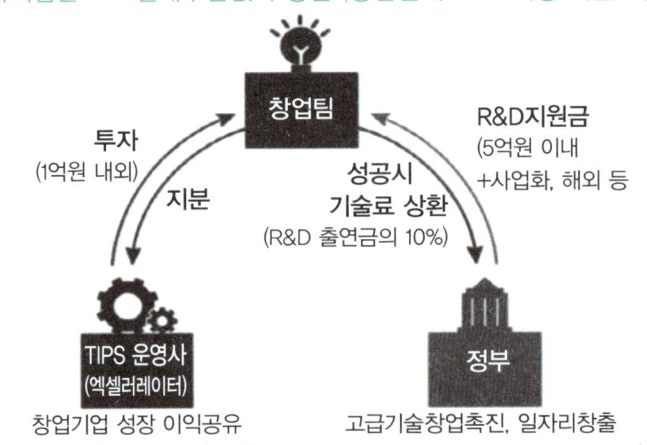

TIPS개념도/자료출처=중소벤처기업부

2> 제대로 따져 대표 선수 골라낸다.

정부가 일자리 창출과 산업 혁신을 위해 쌈짓돈을 푸는 지원 사업은 팁스 프로그램뿐만 아니라 여럿 있다.

하지만 수많은 사업 중에서도 팁스가 대표적인 성공이자 '브랜드'화에 성공한 결정적인 비결은 '될 성 부른' 떡잎을 골라내 이들을 집중적으로 육성하고 단시간에 크게 키우는 '선택과 집중'에 있다.

팁스에 선발된 스타트업은 운영사의 엔젤 투자 1억원에 R&D 자금 최대 5억원, 추가로 사업화 1억원과 해외마케팅 비용 1억원, 엔젤 투자 매칭 펀드 2억원 등 최대 10억원에 달하는 지원금을 받을 수 있다.

여기에다 성공한 벤처인의 보육과 멘토링은 기본적으로 제공되는 혜택이다.

한 기업당 5,000만원~1억원 수준의 기존 사업과는 비교가 안 될 정도로 풍부한 자금력이 뒷받침되기에 선발 과정부터 치열한 경쟁이 벌어질 수밖에 없다.

2018년 9월 기준 팁스 운영사 44곳이 발굴, 선정한 창업팀은 537곳이다.

현재까지 이들 기업이 받은 엔젤 투자는 1,092억원 규모로 정부는 여기에 매칭 방식으로 R&D 자금 1,930억원, 창업자금 235억원 등을 지원했다.

빵빵한 지원은 기업 가치를 높이는 데 일조해 후속 투자도 자극했다.

팁스 선정팀은 국내외 민간영역에서 총 8,344억원의 후속 투자를 받아 정부 지원금보다 3.5배나 많은 투자를 이끌어 냈으며, 이중 글로벌 VC 등으로부터 받은 해외 투자금은 약 900억원에 달한다.

변태섭 창업진흥정책관은 "만약 팁스가 기존 정부 주도의 공모사업처럼 여러 기업에 지원금을 잘게 쪼개 지원하는 방식을 택했다면 지금처럼 명성을 얻지 못했을 것"이라며 "특정 업체에 지원금을 몰아준다는 지적도 있지만 글로벌 시장에서도 통할 만한 'K유니콘'으로 키우기 위해 '선별과 집중'을 팁스의 핵심 키워드로 삼았다"고 강조했다.

중기부는 앞으로 팁스 성공기업의 후속 성장(Scale-Up) 지원을 위한 '포스트 팁스' 사업을 본격적으로 시행한다는 방침이다.

3> "민간주도 살길" 오픈 이노베이션 성공 방정식

팁스가 내세우는 장점은 여기서 끝이 아니다.

시장 논리가 지배하는 스타트업계에서 철저하게 민간이 주도하는 방식을 취한 것도 스타급 스타트업을 키워낼 수 있는 요건이었다.

팁스의 주체는 크게 창업팀과 운영사, 정부 이렇게 세 곳이다.

운영사로부터 1억원 가량의 자금 지원을 받는 창업팀은 기술 아이템을 기반으로 실패에 대한 부담 없이 창업할 수 있다.

스타트업의 지분을 일부 보유한 운영사는 향후 성장이익을 공유하며, 후속 투자 대상의 포트폴리오 역시 확보할 수 있다.

R&D 지원금 5억원 이내를 지원하는 정부는 이 과정에서 고급 기술창업을 촉진하는 동시에 일자리를 창출하는 역할을 해내게 된다.

또한, 참여 스타트업의 성공 시 기술료를 10% 내에서 상환받을 수 있다는 점도 정부가 취할 수 있는 이득이다.

이같이 삼박자가 맞아 떨어 질 때, 팁스는 진정한 오픈 이노베이션으로 거듭나게 된다.

팁스 운용사 한 관계자는 "기본적으로 시장을 제일 잘 아는 시장전문가가 투자자이자 운영사이며 그들이 선발한 기업 위주로 재차 선별하기에 팁스 기반 자체가 탄탄할 수 밖에 없다"며 "민간이 주도하고 정부는 거드는 식으로 창업 생태계 전반에 활력을 불어넣고 있다"고 언급했다.

성과 역시 눈부시다.

지난 8일 부산 더베이101에서 진행된 '스타트업 페스티벌 2018'에서 TIPS 선발 창업팀과 국내외 투자자들이 한 자리에 모이는 TIPS 그랜드컨벤션 행사가 열렸다. 정재윤 브랜뉴테크 대표가 행사에 참석한 투자자 및 관계자들에게 비즈니스 모델을 설명하고 있다./사진제공=중소벤처기업부

전체 TIPS 선발 기업의 창업자를 분석하면 석·박사 출신이 934명으로 전체 1,651명의 57%를 차지하며 국내외 대기업 출신이 474명(29%), 전문직이 135명(8%)으로 프로그램 설계단계에서 노렸던 고급 기술창업 지원의 역할을 제대로 해내고 있다. 여기에 사업 지원 후 신규로 직원을 채용한 규모는 총 2,193명으로 기업당 5.3명의 고용 창출 효과도 기록했다. /이수민기자 noenemy@sedaily.com

3) 세계 100대 핀테크기업(국가별 핀테크 도입률)

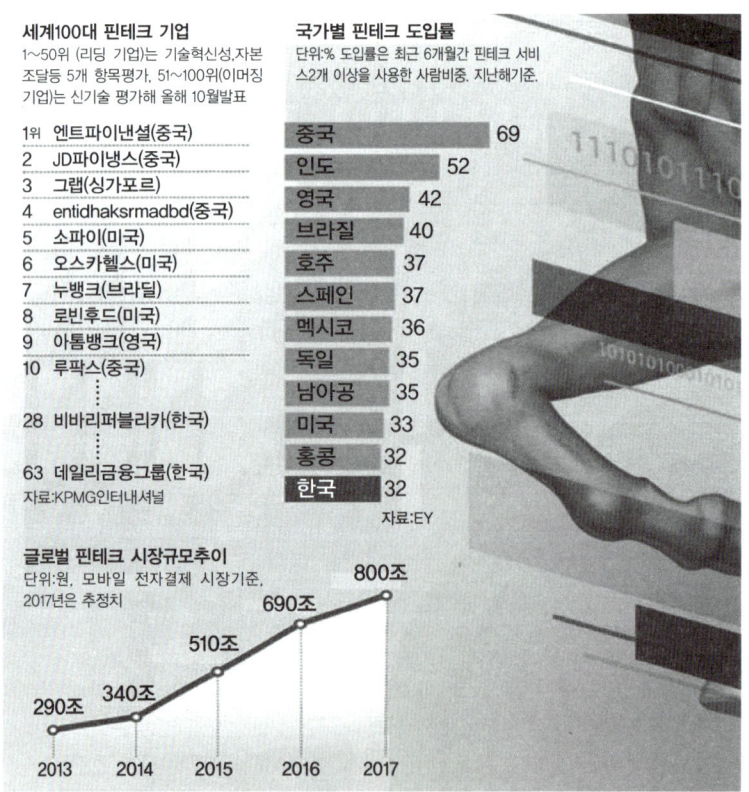

다양성이 열어주는 가능성

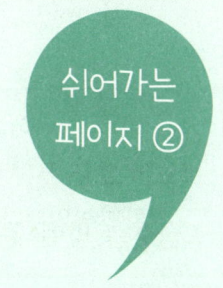

문명의 발전 부작용 중 하나는
단순하던 것들이 너무 복잡해진다는 것입니다.
매일 반복해야 하는 기본적인 의식주마저
갈수록 복잡해지고 선택의 폭이 넓습니다.

매일 아침 무슨 옷을 입고 나가야 할지
고민하는 것도 힘든 일입니다.
차라리 교복을 입던 학창 시절이
그리울 때도 있습니다.

모처럼 스파게티를 요리해서 집에서
가족들과 함께 저녁을 즐기려고 합니다.
그런데 마트 진열장에는 수십 가지 종류의
스파게티 소스가 늘여져 있습니다.

토마토소스, 크림소스, 오일소스 등 다양한데
한술 더 떠서 토마토소스 중에도

양파를 넣은 것, 고기를 넣은 것,
단맛이 강한 것, 매운맛이 강한 것 등
천차만별입니다.

'그냥 제일 맛있는 것 하나만 만들면 안 되나?'

1970년대 유명 파스타 소스 회사가
이런 의문점을 해결하기 위해서 300명의 사람을 모아놓고
45가지 소스를 맛을 보고 점수를 매기는
실험을 했습니다.

그중 가장 많은 점수를 받은 소스를 주력상품으로
판매하려는 의도였지만, 45가지의 소스는
예상을 깨고 비슷한 점수를 받았습니다.

소스 회사는 각자의 취향이 있다는 것을
이번 실험에서 고려하지 않은 것입니다.
모두가 좋아하는 하나의 맛이란 건
세상에 없었습니다.

그래서 파스타 소스 회사는 다양한 취향을

만족시키는 다양한 소스를 파는 것으로
전략을 바꾸었습니다.

'다양함'이 '가장 좋은 것'의
표준이 된 것입니다.

기업의 기획 회의에서 아이디어 개발 방식의
하나로 어떤 문제의 해결책을 찾기 위해
여러 사람이 생각나는 대로 다양한 아이디어를
쏟아내는 브레인스토밍이 많이 사용됩니다.

열 명의 사람을 하나의 틀로
한데 묶어버리면 하나의 가능성만 남게 되지만,
그 열 명의 사람을 자유롭게 풀어주면
열 개의 가능성이 생기는 것입니다.

각자의 취향이 다르다는 걸 인정하면,
이렇게 더 많은 가능성이 열립니다.

오늘의 명언

모든 사람이 입을 맞춰 똑같이 노래를 부른다면
그 노래의 가사는 아무런 의미도 지니지 않는다.
_ 스태니슬로 저지 렉

유니콘기업(unicorn)을 발굴하는 기본적인 Tool

1) 떡잎부터 다른 성장유망 기업의 특징

(1) 코카콜라처럼 아이템이 심플하고 누구나 투자하는 기업의 사업내용을 이해하기 쉽고, 홍보를 하지 않아도 소비자가 항상 필요로하는 제품을 만드는 기업
(2) 어느 정부가 집권해도 정치적 외풍을 받지 않고 규제와 상관없는 사업을 영위하며 기업이 속한 산업군에서 시장점유율이 높은 기업(독과점이면 더욱 좋다)
(3) 투자하고자 하는 회사의 직원 중 영업맨과 기술자들이 자기가 하는 일을 명확하게 알고 있으며, 경쟁사로부터 스카웃제의를 지속적으로 받고 있는 인재가 많은 기업
(4) 회사의 재무상태가 매우 우량한 상태로 ROE(자기자본이익률)및 EVA(경제적 부가가치)는 높을수록 좋고 PER, PCR은 낮을수록 유망기업
(5) 최고경영자가 솔직히 회사 내용을 밝히며, 주주를 배려하는 정책을 수립하고 관심이 많은 기업

2) 모든 일의 시작은 인재 – 회사도 사람이 경영한다.(CEO평가 중요포인트)

"인사(人事)가 만사(萬事)"라는 말처럼 기업도 인재(사람)가 재산이다.

이 훌륭한 재산을 관리하고 평가하며 배치하는 최고의 지위에 있는 경영자가 가장 중요하다.

기업의 평가에 앞서 기업을 운영하는 선장(경영자)의 됨됨이 파악이 무엇보다 중요하다

경영자로서 부적격한 성격을 가진 사람의 예를 들면,
(1) 자만으로 가득 차 있는 성격으로 자신만이 모든 일을 처리할 수 있으며 다른 사람의 능력을 무시하거나 부하직원에게 일을 맡기지 못하는 경영자.
(2) 타인의 얘기를 경청하지 않고 자신의 고집만 주장하여, 정작 중요한 외부의 고급정보가 차단되어 회사의 중요의사결정이 독선으로 흐르게 하는 경영자.
(3) 운명 주의적 사고를 가진 사람으로 일이 잘되면 운이 좋아서 되었고, 실패를 하면 운수가 따라 주지 않아서 실패를 했다고 생각하는 스타일로서 사업을 추진하는 과정에서 실패원인을 운수소관으로 넘기고 체념하는 경영자.
(4) 우유부단한 성격으로 중요한 기업의 결정을 즉흥적으로 바로 결정내리고 차후에 결정을 번복하는 스타일로서 정책의 일관성이 없고 주변 사람의 신뢰를 얻지 못하는 경영자.
(5) 모든 일과 업무에 지나치게 완벽하게 처리해야 직성이 풀리는 스타일로 지나치게 완벽한 성격 탓에 시간과 비용이 과다하게 지출되는 스타일.

모든 경영에 있어 완벽함은 사실상 추구하기 힘들다. 완벽함을 추구하려다가 타이밍을 놓치는 경우에는 회사의 존립마저 위협하는 경우가 발생하고 이 경우에는 사업의 실패로 이어진다. 모든 회사일을 자신이 반드시 해야 한다고 생각하는 경영자.

(6) 자존심이 강해 주위사람들로부터 도움이나 협조를 받으면 빨리 진행할 수 있는 일도 자존심 때문에 못하는 성격의 경영자, 상황에 따라서는 꼭 도움을 받아야 할 경우에는 자존심을 낮추고 신속하게 일처리를 하는 것이 현명하지만 본인의 실수를 인정하지 않는 경영자.

반대로, 성공을 만드는 경영자(CEO)의 성격

(1) 누구보다 강한 성취감을 지향하는 성격으로 일단 목표를 세우면 반드시 달성한다고 자기 자신에게 최면을 걸어 진취적으로 경영하고 목표한 것을 이루고 나서 다음단계로 넘어가는 성취의욕이 강한 성격의 경영자

(2) 회사에 대한 큰 비전을 가진 사람으로서 사회의 트랜드를 빨리 읽고 큰 흐름을 사회적으로 전개시키는 역량을 가진 경영자. 비전이 약하다면 회사의 성장이 한계가 있다. 요즘처럼 경쟁이 치열한 사회에서는 큰 그림을 그리고 행동하고 실천할 수 있는 경영자.

(3) 강한 책임감을 가지고 성공이든 실패이든 본인이 책임지는 성격으로 남을 탓하지 않고 실패의 책임을 부하직원에게 돌리지 않는 경영자.

(4) 본인이 추진하고 있는 사업에 큰 장애가 생겼을 때도 이를 극복하기 위하

여 끈질기게 노력하는 스타일을 가진 경영자.
(5) 자신이 하는 사업에 대한 집중력이 강하며 이것저것 벌리지 않고 한 분야에 집중하는 성격을 가진 경영자.

또한 가치 있는 기업을 운영하는 경영자(CEO)는 전문성을 가져야 한다.

특히, 신생벤처 회사중 기술력 비중이 큰 기업의 경영자는 기술에 대한 전문성과 이해도 가 매우 중요하다.

기술개발에 대한 판단은 경영자의 전문지식이 그대로 반영되기 때문이다.

경영자의 전문성 파악은 경력사항을 잘 살펴보면 알 수가 있는데 대학전공과 연계되는 기술 경력이 매우 중요하다.

다른 분야의 외도 없이 한분야로 계속해서 기술력을 축적 개발한 인재로써 꾸준히 시장 현황과 안목을 가지고 있는 경영자야 말로 기술이 생명인 하이테크 산업에서는 기업의 생사를 결정 짓는다.

만약 경영자가 기술연구소에 근무했더라도 담당 실무 내용과 경험이 중요한데 기술연구소에서 일반 행정업무만 봤던 경영자는 기술의 전문성은 없다고 봐야한다.

보통 대기업 내지 기술 중심의 회사에서 기술 개발 분야에서 10년이상의 경력이 있고, 퇴직과 동시에 같은 기술력을 바탕으로 창업하여 2~3년 업력으로도 눈에 띄는 성과를 내고 있는 경영자가 우리가 선택해야 할 경영자다.

경력사항에서 여기저기 짧은 기간에 자주 옮겨다니거나 현 직장에 장기 근무를 못하고 직장이 자주 바뀌는 경우에는 주변사람들로부터 신뢰성 및 대인관계에 대해서 많은 결점이 있는 경영자이자 전문분야 Know-How 축적도 부실한 경영자로 판단 할 수 있으므로 되도록 피하는 것이 좋다.

경영자의 과거를 살펴봄으로써 경영자가 어떻게 살아 왔고 주로 경험한 사항은 무엇이며 과거의 행동과 경험을 추적하면 앞으로 경영자가 나갈려는 방향을 어느 정도 예측하는데 도움이 된다. 경영자의 과거를 파악하기 위해서 주변사람의 평판, 신원조회, 전과기록, 금융신용상태(신용불량자라면 그 원인 파악), 과거소송 관계, 가족관계, 과거 근무한 주요한 근무업체를 알아내서 되도록 함께 근무했던 사람에게 조언을 듣는 것도 중요하다.

마지막으로 회사와 운명을 같이 할 경영자의 도덕성 파악이 제일 중요한데 벤처기업에 투자할 때에는 더욱 더 경영자의 도덕성이 중요하다.

경영자의 도덕성은 투자기업의 수익과 직결되고 향후 기업의 운명을 좌우하는 큰 변수이기 때문이다.

첫째, 경영자가 투자를 받기 위하여 자신이 경영하는 회사 또는 전에 운영하였던 회사의 재무제표나 손익계산서, 회계보고서를 허위나 분식으로 처리한 경험이 있는 회사는 아무리 좋은 아이템과 대단한 매출 및 영업력이 있어도 투자를 고려하지 말아야 한다. 회사의 재무제표를 살펴보기 전에 제출자의 도덕성이나 분식형태를 먼저 파악하고 평가해야 한다.

둘째, 경영자와 회사 운영진(등기이사, 감사 등등)이 수시로 회사자금을 가지급 형식을 빌려 시도 때도 없이 이용하였다면 도덕성에 치명적인 문제뿐아니라 회사 재무상태에 심각한 결함이 있다고 판단 할 수 있다. 가지급금이 많다는 것은 회사 돈과 본인의 돈을 구별하지 못 할 정도로 자기 호주머니에 있는 돈이라고 생각하며 그때그때 본인이 필요할 때에 사용해 버리는 경향이 있어, 회사자금 지출에 대한 계획성이 없다고 판단할 수 있다.

셋째, 초기 기업 및 성장하는 기업을 운영하는 경영자(CEO)가 기업 초기 주주구성에 있어 친인척의 투자지분이 전혀 없다면 경영자를 믿지 못한다는 간접적인 도덕성 평가가 될 수 있다. 지인 및 가족의 재무투자가 있어야 하며, 가까운 지인들의 도움이 절실하게 필요할 때 이용할 수 없게 되며 경영자의 신뢰성, 도덕성에 문제가 있음을 가늠 할 수 있다.

넷째, 회사 경영자의 지분이 100%인데 차명으로 지분만 분산시켜 놓고 외부투자자를 유치하는 행위는 외부투자자를 속여 투자만 받고 회사 경영상 중요 사항을 경영자 단독으로 처리하겠다는 복안이 깔려있다고 봐도 좋다. 회사를 성장시키기 위한 기초적인 지분구조의 잘못은 회사의 성장을 가로 막고 추후 비약적 발전기에 필요한 자금을 지원하는 벤처캐피탈 내지 외국계 자금 유치 실패로 성장에 한계에 봉착할 위험이 있다.

다섯째, 회사에 투자하는 자금은 은행에 예치하는 안전자산이 아니고 꼬박꼬박 이자가 나오는 것도 아닌 투자자금이다. 투자 자금은 원금이 보장되지 않는 자금이어서 한번 잘못된 판단으로 자금이 투여된다면 투자금 전부를 손해 볼 수가 있다. 경영자를 신뢰할 수 없다면 투자를 원점에서 다시 한번 검토하여야 한다.

참고로 벤처기업의 이상적인 지분구조 형태와 회사에 제시 할 투자 조건 제안서(Term sheet) check 사항과 투자전에 회사의 대주주에게 요구 하는 사항을 정리하면,

(참고 1) 엔젤 투자 전 벤처기업의 이상적인 지분구조 형태[발행주식 : 400,000주]

주주구성	주식수	지분율
경영자(CEO)	280,000주	70%
임직원	40,000주	10%
거래처기업	20,000주	5%
지인/친인척	60,000주	15%
일반엔젤	–	–
합 계	400,000주	100%

(참고 2) 투자 조건 제안서(Term sheet)에 최소한 포함되어야 할 사항

- 회사명/투자자명
- 주당가격, 발행주식수(경우에 따라 임직원에게 부여하는 스톡옵션 반드시 확인)
- 발행주식의 종류 및 의결권 존재 유무
- 유상증자 금액의 사용처

- 전환우선주 발생 시 우선주 전환조건 및 Refixing 규정

- 상환우선주 발행 시 우선주 상환조건 및 상환가격

- 기업공개의무(기한 및 공모가격 고정시킴)

- Put option 조건 및 Call option 조건

- 청산배당 우선권

- 이익 배당 조건

- 신주 우선 인수권

- 투자자의 주식처분 제한 조항

- 우선 매수 선택권/주요주주 지분매각에 대한 참여권

- 이사 선임권

- 제한사항(동의조항)

- 기타투자조건/상세실사조건

- 제반비용 부담조건

- 기밀유지 및 독점 협상권 조항

- 종결조건

(참고 3) 투자자가 유리한 입장에서 투자 시 회사(오너/대주주)에게 요구사항

① Put option
: 중대한 계약사항의 위반 및 알맞은 시기에 공개의무(IPO)를 위반하는 경우에 제재사항으로서 투자한 보통주식에 대하여 계약 및 약속불이행시 주요주

주(대주주)가 정해진 금액으로 재매입할 수 있도록 청구 할 수 있는 권리를 계약서에 명기

② 이익 배당우선권 및 청산 배당우선권

: 다른 투자자에 앞서 일정률의 우선배당률을 정하거나 청산등의 경우에 잔여재산분배에 있어서 우선 배당을 받을 수 있는 권리 등에 대해서 법적 강제규정으로 정해 놓을 것.

③ 사외이사 선임권

: 투자자가 사외이사를 선임할 수 있도록 option을 걸어 경영진의 독단적 경영행위 방지 및 회사의 주요 의사 결정에 대하여 상시 Monitoring 함으로써 투자 자산의 투자 가치를 사전적으로 훼손 못하게 하는 것

④ 각종 제한 조항(동의권, 승인권)

: 투자자산을 올바르게 회사 경영에 사용할 수 있도록 투자기간중에 발생할 수 있는 투자자의 이익을 침해하거나, 훼손할 수 있는 의사결정에 대하여 회사가 투자자에게 서면 동의 또는 승인을 얻도록 하고 투자자의 동의 및 승인 없이는 투자자의 가치를 훼손할 수 있는 어떠한 주요 사항의 의결을 행사할 수 없도록 정해 놓는 것

⑤ 정보요구권

: 회사의 영업을 파악하기 위하여 중요 의결을 처리할 시 의결 전 문서로 보고하고 회사의 중요문제 발생 시 이를 해결하기 위하여 회사에 필요한 자료를 제출하도록 하는 권리

(ex) 회계연도 종료 후 90일이내에 연간 재무제표 제출 요구

⑥ 연간 사업계획 및 예산승인

일정금액이상의 자금이 집행될 시에는 주요주주에게 통보할 수 있는 system 구축

(참고4) 투자자에게 미리 협조를 구해야 할 기본적인 사항

① 중요핵심 영업자산의 제 3자 매각
② 투자자의 지분을 희석화 할 수 있는 신주의 발행, BW(신주인수권부사채),
　CW(전환사채) 발행 할 때
③ 경영진 및 종업원에게 부여하는 자세한 스톡옵션사항
④ 자회사 및 타인회사의 일정규모가 넘는 재무적 투자사항
⑤ 본 영업의 기반 없는 신규업종의 진출 시

3) 누구에게나 처음이 중요하다 – 성장기업의 기본적 분석 및 재무 분석

(1) 성장기업의 기본적 분석이란?

본인이 관심 있게 지켜보는 기업의 내부적 요인과 외부적 요인에 대해서 자신만이 갖고 있는 분석적 Tool을 이용하여 기업이 핵심적으로 갖고 있는 내재적 가치(intrinsic value)를 찾아내고 개별적 기업에 대한 투자 여부를 결정하는

기업분석 방법이다.

거래소 내지 코스닥에 상장되어 있는 기업들은 기술적분석이 주로 과거의 주가 흐름을 분석하여 매매 타이밍을 찾는것에 비하여, 우리가 투자를 목적으로 생각하는 성장기업의 기본적분석은 회사가 내면적으로 가지고 있는 원천적 내재가치를 다양한 공통변수(PER. PBR. PSR. ROE. PBS등등)을 통해 얻어진 데이터를 기본으로 하여 시장 및 업종내에 저평가된 투자유망 기업을 발굴하는 방법이다.

기업의 내적인 요인과 외적인 요인을 파악해야만 좋은 기업의 내재적 가치(intrinsic value)을 끌어낼 수가 있다.

기업의 내적 요인	기업의 외적 요인
1. 경영자의 경영능력	1. 정치,사회적 변동
2. 제품의 시장성, 성장성	2. 환율/유가
3. 기업의 재무구조	3. 금리, 물가
4. 기업의 영업실적(현금창출 능력)	4. 경기변동
5. 기업의 대외적 이미지	5. 경제성장율
6. 기업의 시장점유율	6. 통화량

(2) 관심기업의 분석 대상

기본적분석은 기업의 내·외적 상황의 모든 요소가 분석대상 기업의 가치에 영향을 미치는 모든 요건을 포괄하여 관심기업의 경제적분석, 산업적분석, 해당기업의 기업적 분석을 하나도 빠트림 없이 모든 데이터를 모아 한꺼번에 Tool 에 올려 평가한다.

경제적 분석 포인트	산업적 분석 포인트
1. 산업의 특성 2. 생산제품의 가격동향 3. 신제품 생산 시 진입장벽 4. 원자재 수급동향 5. 숙달된 인력공급시장 6. 정부지원의 세제 지원	1. 관심기업의 브랜드 인지도 2. 관심기업의 국·내외 시장 점유율 3. 관심기업의 기술경쟁력 4. 관심기업의 R&D 능력 5. 관심기업의 핵심제품의 주도율

기본적 분석에 앞서 투자기업의 경제적 분석과 산업적 분석은 기업이 속해 있는 외적 요인인 금리, 물가, 유가, 통화량, 환율에 지속적인 영향을 받는다.

(3) 성장기업의 재무적 분석에 필요한 기초 회계지식

① 재무제표의 의미

현재는 IFRS 회계기준 적용으로 그 의미가 많이 퇴색되었으나 개별적인 기업의 재무적 능력을 평가 할 때에는 아직까지 유용하며 기본적인 평가를 통하여 객관적인 데이터를 얻을 수있는 대차대조표(balance sheet)와 손익계산서 (income statement) 이익잉여금 처분계산서(statement of retained earning), 현금흐름표(statement of cash flow)등으로 구성된다.

이 모든 사항은 모든 기업이 일정한 기간 동안에 회사자산의 변동과 경영성과를 파악하는 것을 목적으로 정해진 회계기준으로 매 기간마다 재무제표를 작성하여 기업외부(정부, 은행, 투자자, 주주 등)에 공시하여야 한다.

② **대차대조표(balance sheet)**

대차대조표는 일정시점에서 현재 기업이 보유하고 있는 기업의 자산의 현황을 파악하기 위하여 작성하는 장부로서, 기업의 자산, 부채, 자본의 구성도를 나타낸다. 대차대조표를 통하여 투자자들은 기업의 재무상태의 건전성에 관한 정보를 얻고 기업의 자산과 부채, 자본의 변동사항을 체크할 수 있으며, 일정한 형식의 도표로 나타낼 수 있으므로 기업의 건전성, 가치, 재무사항을 일목요연하게 보여준다. 대차대조표의 형식은 계정식(차변과 대변으로 구분)과 보고식(전기와 당기의 내용 나열)으로 구별한다.

○ 대차대조표(balance sheet)의 기본 계정과목

용어

〈 자산 계정 〉

1. 유동자산

현금 및 현금성 자산으로 통화 및 타인발행수표등 통화대용증권과 당좌예금·보통예금 및 현금등가물, 현금으로 전환이 용이하고 이자율의 변동에 따른 위험이 중요하게 작용하지 않는 유가증권 및 단기금융상품으로서 취득당시 만기가 3개월 이내에 도래하는 것.

1) 당좌자산

유동자산 중 현금이나 현금으로 용이하게 전환되며 기업이 원할 경우 즉각적으로 현금화가 이루어질 수 있는 자산으로 대표적으로 현금, 예금, 매출채권등

① 현금

일상생활에서 사용되는 한국은행권으로 지폐나 동전등을 말하며 외국화폐도 포함.

② 통화대용증권

소유자가 지급은행등에 요구할 때 곧바로 현금으로 교환할 수 있는 것으로 타인 발행의 당좌수표, 자기앞수표, 송금환어음, 송금수표, 우편환증서, 지급기일이 도래한 주식배당권과 공사채이자표, 지급명령서 등

③ 예금

은행, 상호저축은행, 단자회사, 우체국, 신협등 금융기관에 대한 각종 예금, 부금, 우편적금, 우편대체적금, 금전신탁등

④ **현금등가물**

현금의 단기적 운용을 목적으로 한 유동성이 높은 유가증권

⑤ **단기금융상품**

만기 3개월 초과 1년이내에 존재하는 금융상품으로서 금융기관에 예치된 정기예금, 정기적금등 사용과 인출에 제약이 있는 금융기관의 예금과 기타 금융기관이 취급하는 정형화된 상품.

⑥ **유가증권**

일시적으로 소유하고 있는 시장성 있는 주식 및 사채등으로 선하증권, 창고증권을 포함

⑦ **매출채권**

거래처에 물건을 팔고 일정기간이 지난 후에 돈을 받기로하고 물건을 먼저 지급 한 것으로 거래처에 대한 외상 매출금이나 상거래에 대한 채무의 결제방법으로 사용되는 받을 어음

⑧ **단기 대여금**

1년 이내에 회수 조건으로 대여한 금전으로 대여금은 타인에게 어음 또는 차용증서등을 받고 자금을 빌려 주는것.

⑨ **미수금**

일반적 상거래 이외에 발생한 미수채권

기업의 주된 영업거래에서 발생하는 매출채권 이외의 재화나 서비스를 제공한 경우에 발생하는 대가로 고정자산이나 유가증권의 처분대금, 본업의 사업목적 이외의 용역 및 서비스 제공 대금, 수입이자나 임대료등의 미수액등이 포함.

⑩ 미수수익

당기에 속하는 수익 중 미수액에 해당되는 것으로 부동산의 대차나 금전소비대차등의 일정한 계약에 따라 계속해서 용역을 제공하는 경우 이미 제공한 용역에 대해 아직 그 대가의 지급을 받지 않은 상태.

⑪ 선급금

일반적 상거래 이외에서 발생한 미수채권을 말하며 상품이나 원재료등의 매입이나 외주가공등의 발주시, 대금의 일부 또는 전부를 물품의 매입이나 외주가공완료에 앞서 지급한 금액.

⑫ 선급비용

거래가 완료되면 비용으로 처리해야 하는 선급이자비용, 선급보험료, 선급임차료 등.

⑬ 선급법인세

중간예납등으로 인하여 비용으로 처리해야 하는 선급이자비용, 선급보험료, 선급임차료등.

⑭ 가지급금

회기중에 처리할 과목이나 금액이 확정되지 아니한 경우에 확정되어 정확한

계정과목으로 처리할 때까지 일시적으로 기록하는 계정. (ex, 대표이사 가지급금)

2. 고정자산

유형자산에 대립되는 개념으로 투자자산, 유형고정자산, 무형고정자산으로 구성되어 있다.

1) 투자자산

본래 기업이 주된 영업활동과 관련이 없이 장기적인 투자수익을 얻기 위해 보유하고 있는 채무증권과 지분증권, 지분법 적용투자주식, 영업활동에 사용되지 않는 토지와 설비자산, 설비확장 및 채무상환등에 사용할 특정목적의 예금등으로 장기적인 투자 수익을 목적으로 획득한 자산을 의미한다.

① **투자부동산**

투자목적의 부동산뿐만 아니라 영업에 사용되지 않는 비영업용으로 보유하고 있는 토지, 건물 및 기타의 부동산을 말한다.

② **장기금융상품**

만기가 결산일로부터 1년이후에 도래하는 예금을 의미하며, 퇴직보험금등 사용이 제한된 예금은 그 사용제한 내용을 주석에 기재하는 금융상품을 말한다.

③ **투자유가증권**

유동자산에 속하지 않는 유가증권으로 주식, 사채, 국공채 및 출자금 등을 말한다. 일반적으로 1년이상 보유하는 것으로 기업의 영업주기내(1년이내)현금화가 어려운 증권을 말한다.

④ 지분법적용 투자주식

지분법 투자회사에 대하여 일정비율(20%)이상의 지분을 취득하거나 의사결정과정에 참여하여 중대한 영향력을 행사할수 있는 경우 당해지분증권을 지분법적용투자주식으로 인식하는 것.

⑤ 장기대여금

대차대조표 기준일로부터 1년 이후에 기한이 도래하는 대여금으로 주주, 임원, 종업원, 관계회사등에 대한 대여금을 포함한 금전을 말한다.

⑥ 보증금

회사가 보유하고 있는 전세권, 전신전화가입권, 임차보증금, 영업보증금등을 말한다.

⑦ 장기성 매출채권

회사가 일반적인 상거래에서 발생한 채권중에서 상환기일이 결산일로부터 1년 이후인 것을 말한다.

⑧ 이연법인세

회사의 기업회계기준과 법인세법의 수익비용의 귀속시기가 달라 생기는 차이로 이러한 차이는 차후 연도에 그 차익의 효과가 반대로 나타나 상쇄되는 것을 말한다.

2) 유형자산

기업이 정상적인 영업활동에 사용하기 위하여 재화의 생산이나 용역의 제공, 타인에 대한 임대, 또는 자체적으로 사용할 목적으로 보유하고 있는것으로 물리적 형태가 있는 비화폐성 자산으로 토지, 건물, 구축물, 기계장치, 선박차량운반구, 건설중인 자산, 기타의 자산으로 구성된다.

① 토지
대지, 임야, 전답, 잡종지등 유형자산으로서 영업활동을 위해 취득한 것.

② 설비자산
건물, 기계장치를 말하며 영업활동에 사용되는 건축물과 기계, 부속설비를 말한다.

③ 비품, 차량운반구
영업활동에 사용되는 책상, 의자, 복사기, 차량과 운반구등.

④ 건실중인자신
생산활동에 사용할 유형자산을 회사가 직접 건설하면서 지출한 금액으로써 미완성 상태에 있는 것을 말한다.

3) 무형자산

정상적인 영업활동 과정에서 장기에 걸쳐 기업에 경제적 효익을 가져다 줄 수 있는 무형의 자산을 의미하며, 물리적 형체는 없지만 식별이 가능하고 기업이 통제하고 있으며 미래 경제적 효익이 있는 비화폐성 자산으로서 영업권, 산업재산권, 광업권, 어업권, 차지권, 개발비, 부의영업권, 저작권, 사업결합에서 발생한 영업권, 기타의 무형자산(수리권, 전용측선이용권, 댐사용권, 공업용수도시설 이용권등)이 있다.

① 영업권
기업이 다른 경쟁의 입장에 있는 동종의 기업들에 비해 초과수익력을 가질 수 있는 배타적 영리기회를 가지는 권리

② 개발비
기업이 신제품, 신기술 등의 개발과 관련하여 발생한 비용(소프트웨어 개발 및 전산개발과 관련된 비용을 포함)으로 개별적으로 식별이 가능하고 미래의 경제적 효익을 확실하게 기대할 수 있는 것

③ 산업재산권
기업이 일정기간 타 기업에 대하여 독점적, 배타적으로 이용할 수 있는 권리로서 특허권, 실용신안권, 의장권, 상표권등을 말한다.

④ 기타무형자산
기업이 가지고 있는 라이센스, 프랜차이즈, 저작권, 컴퓨터소프트웨어, 임차권리금, 광업권, 어업권등 배타적인 권리를 행사할수 있는 것

4) 기타 비유동자산
기업의 임차보증금, 이연법인세자산, 장기매출채권 및 장기미수금등 투자자산, 유형자산, 무형자산에 속하지 않는 비유동자산을 말한다.

① 이연법인세자산

회사가 법인세법등의 법령에 의하여 납부하여야 할 금액이 법인세비용을 초과하는 경우 그 초과하는 금액을 처리하는 계정.

② 기타

임차보증금, 장기선급비용, 장기미수금, 장기매출채권, 장기선급금등을 말한다.

〈 부 채 〉

1. 유동부채

기업의 정상적인 영업주기 내에 상환을 통하여 소멸할 것이 예상되는 매입채무와 미지급비용등의 부채로서 과거의 거래나 사건의 결과로 인하여 미래에 다른 기업에게 자산이나 용억을 이전해야 하는 현재의 의무를 나타내는 것으로 상환기한이 1년 이내인 경우에는 유동부채로 인식하는 것을 말한다.

① 단기차입금

회사가 금융기관으로부터의 당좌대출과 1년이내에 갚아야 하는 돈으로서 금융기관 차입금, 주주·임원·종업원 단기차입금, 어음단기차입금, 당좌차월등을 말한다.

② 매입채무

물건을 사고 일정기간 후에 돈을 주기로하거나 일반적인 상거래에서 발생한 외상매입금과 지급어음처럼 어음거래 및 외상거래(기업 회계기준에서는 어음거래와 외상거래를 모두 매입채무로 계상하도록 하고 있으나 실무에서는 어음거래는 지급어음으로 외상거래는 외상 매입금으로 처리한다.)

③ 미지급금

일반적 상거래 이외의 거래에서 발생하는 채무.

④ 미지급비용

미지급이자, 급료, 신용카드사용대금등 이미 발생된 비용으로서 아직 지급되지 않은 것

⑤ 미지급법인세

회기중에 원천 납부한 금액 및 중간 예납한 금액의 합계가 당해연도 소득에 대하여 신고 납부할 금액보다 작은 경우 미지급법인세 계정으로 계상한다.

⑥ 선수금

일반적 상거래에서 용역이나 서비스를 제공하기 이전에 미리 받은 금전으로서 거래처로부터 상품, 제품, 수주품, 수주공사등에 대한 대가의 전부 또는 일부를 수령하였 을때 발생한 후에 주문받은 상품, 제품등을 인도하거나 수주공사를 완료하였을때에 소멸하는 것.

⑦ 예수금

일반적인 상거래 이외에서 잠시 맡아둔 금전으로 종업원들이 월급에서 원천징수한 근로소득세 등과 같이 궁극적으로 제3자에게 지급하여야 할 금액을 기업이 거래처나 종업원으로부터 미리 받아 일시적으로 보관하는 계정이다.

⑧ 미지급배당금

회사의 잉여금이 주주총회에서 처분 결의한 후, 아직까지 주주에게 지급하지 않은 금액

⑨ 선수수익

현금으로 받은 수익중 차기 이후에 속하는 수익으로 발생주의 회계상 불가피하게 나타나는 기간 미경과 용역의 대가를 말한다.

⑩ 유동성 장기부채

회사의 사채나 장기차입금 등의 장기부채 항목중에서 결산기준일로부터 1년 이내에 만기가 도래하는 부분은 유동성 장기부채로 대체하여 유동부채로 계상하는 것.

⑪ 단기부채성 충당금

당기의 수익에 대응하는 비용으로서 장래에 지출이 될 것으로 확신한 것 중 당기의 수익에서 차감하는 것이 합리적으로 추산되는 금액

2. 비유동부채 (고정부채)

대차대조표 기준일로부터 1년 또는 영업주기 이후에 상환되어야 할 부채

① 사채

주식회사가 일반 대중을 대상으로 거액의 자금을 조달하기 위하여 일정액을 표시하는 채권을 발행하며 다수인으로부터 조달한 부채로 1년 이후에 상환기일이 도래하는 회사채를 뜻하며, 증권회사를 통하여 발행하는 채무증서이다.

② 신주인수권부 사채(BW)

일정기간이 지나면 미리 정해진 가격으로 회사가 발행하는 신주를 인수할 수 있는 권리를 가진 사채

③ 전환사채(CW)

일정기간 내에 발행회사의 주식으로 전환을 청구할 수 있는 권리가 부여된 사채

④ 장기차입금

대차대조표기준일로부터 1년 이후의 기간에 상환하여야 할 차입금

⑤ 장기성매입채무

일반적으로 상거래에서 발생한 외상 또는 어음상의 채무로서 지급기일이 1년 이후에 도래하는 것을 말한다.

⑥ 퇴직급여 충당부채

장래에 임직원이 퇴직할 때 지급하게 될 퇴직금 중 이미 발생한 부분을 적립해 놓은것

⑦ 장기제품 보증충당부채

기업이 판매한 제품에 대해 1년간 제품보증을 통한 수리를 무상으로 제공하고 있는 경우 예상되는 추정금액을 인식하는 부채

⑧ 이연법인세부채

법인세법등의 법령에 따라 납부하여야 할 금액이 법인세비용을 미달하는 경우 그 미달하는 금액을 부채로 인식하여 처리하는 계정

⑨ 수선충당금

기업영업활동을 위해 일시에 거액의 자금이 들어가는 수선(선박수선, 기계설비수선등)을 할 때 그 수선이 이루어지는 회계연도에는 일시에 거액의 비용계상으로 결산 시 손실이 되나 그 원인은 수년간에 걸쳐 일어난 것이므로 비용을 균등화하기 위하여 매년마다 적립하는 것.

〈자 본〉

1. 자본금

기업이 가지고 있는 총재산(자산)에서 남에게 빌린 재산(부채)를 차감한 금액을 말하며 정관에 확정되어 있는 법정자본금으로 회사의 영업활동의 기초를 이루기 위하여 주주가 직접 납입한 금원. 즉 주식의 액면가액 합계(보통주, 우선주 자본금)를 말한다.

2. 자본잉여금

주주가 실제로 납입한 자본이 장부상 자본금을 초과한 부분 또는 자본거래에 의해서 나타는 잉여금으로 증가나 감자등 주주와의 거래에서 발생하여 자본을 증가시키는 것으로 주식발행초과금, 자기주식처분이익, 감자차익등이 있다.

① 주식발행 초과금

회사가 신주를 발행하는 경우 발행의 방법으로 액면발행, 할인발행, 할증발행 등이 있는데, 이중 할증발행시 발행가액 중 액면가액을 초과하는 금액을 말한다.

② **감자차익**

회사의 자본을 감소시킬 때 발생하는 이익

③ **자기주식 처분이익**

회사가 발행한 주식을 임시 취득한 이후 처분 시 발생하는 이익

3. 이익잉여금(또는 결손금)

손익계산서에 보고된 손익과 다른 자본항목에서 전입된 금액의 합계액 중에서 주주에 대한 배당, 자본금으로의 전입 및 자본조정항목으로 설정되어 처분된 금액을 차감한 잔액으로 기업 설립 후 영업활동의 결과로 얻은 이익을 축적해 둔 것으로 손익거래의 결과로 발생한다.

① **기업합리화 적립금**

조세감면규제법의 규정에 의하여 세액공제, 세액면제, 세액감면 또는 소득공제를 적용 받은 기업이 그 공제받은 세액에서 농어촌특별세를 차감한 금액에 상당하는 금액만큼을 의무적으로 직접적으로 적립하는 적립금이다.

② **재무구조 개선적립금**

상장법인 재무관리규정에서 상장법인에 대하여 의무화한 적립금으로 비상장기업은 대상이 아니다.

③ **이익준비금**

상법에 의해 금전(현금)배당액의 10%이상을 적립해야 하는 금액

④ **임의적립금**

회사의 정관이나 주주총회의 의결, 사채약관 및 제3자와의 계약등에 따라 이루어지는 적립금으로 기업의 사업확장적립금, 감채적립금, 투자준비금, 기술개발준비금 등의 적립금은 회사의 순자산을 증가시키는 적립금이고, 배당평균적립금, 임원퇴직급여적립금, 결손 보전적립금, 재해손실적립금 등은 미래의 손실이나 순자산의 감소에 대비하여 적립하는 것으로 부채성 적립금이며 감채적립금은 회사의 부채상환계획에 따라 적립하는 적립금이다.

⑤ **미처분 이익잉여금**

전기이월잉여금과 당기에 발생한 순이익으로서 각 항목으로 처분되지 않은 이익잉여금

⑥ **차기이월 이익잉여금**

기업이 벌어들인 이익 중 배당금이나 제반 적립금으로 처분되지 않고 남아있는 이익잉여금으로서 당기 이익잉여금처분계산서 및 대차대조표상에 표시된다.

4. 자본조정

특정한 계정이 아닌 자본 전체에 대한 차감항목 또는 부가항목으로서의 성격을 지니는 것으로 자본거래에 해당하나 최종납입된 자본으로 볼 수 없거나

자본의 가감성격으로 자본금이나 자본잉여금으로 분류할 수 없는 항목으로 자기주식, 주식할인발행차금, 주식매수 선택권, 출자전환채무, 감자차손및 자기주식처분손실등의 잔액을 말한다.

① 주식할인발행차금

주식 발행시 액면가에 미달해서 주식을 발행하는 경우 액면가액과 발행가액의 차이를 주식할인발행차금이라 한다.

② 주식매수 선택권(stock option)

기업의 임직원들이 회사가 발행하는 주식을 사전에 약정된 가격(행사가격)으로 일정 기간 내 일정수량을 매입할 수 있는 권리

③ 출자전환채무

채권자와 부채의 출자전환을 합의하였으나 즉시 이행되지 않는 경우, 전환으로 발생 될 주식의 공정가격을 말함.

④ 감자차손

회사의 자본을 감소시킬 때 발생하는 손실

⑤ 자기주식처분손실

회사가 이미 발행하여 유통중인 자기회사주식을 취득한 후 시장에 자기주식을 처분할 때 취득가액과 처분가액의 차이로 발생되는 손실.

⑥ 배당건설이자

개업 전 주주에게 배당하는 금액으로서 사업의 성질상 회사성립 후 건설공사에 장기간 소요되어 2년이상 영업의 전부를 개시하기 불가능하다고 인정되

는 경우에는 장기간 이익배당이 불가능하므로 투자자들로부터 자본조달이 어려울 수 있으므로 이익이 발생하기 전에도 연간 5%이내의 범위에서 건설이자를 미리 정하여 지급할 수 있도록 한 것.

⑦ 미교부 주식배당금

회사가 주식배당을 하기로 결정한 경우에 새로운 주식의 발행과 교부가 이루어지기 전까지 이를 미교부주식배당금 계정으로 일시적으로 처리하고 주식배당 결정시 자본금으로 대체 되기전의 처리항목을 말한다.

⑧ 신주청약증거금

기업이 공모 설립 시 주식배정 전에 발기인 및 공모자가 납입한 금액

⑨ 매도가능증권평가손익

회사가 단기투자목적으로 다른 회사의 주식이나 채권등을 보유하는 경우 투자주식을 시가법으로 평가하거나 지분법으로 평가하는 경우와 투자채권을 공정시가로 평가하는 경우의 평가손실 또는 평가이익을 말한다.

⑩ 해외사업환산손익

기업의 해외지점 또는 해외사업소의 외화표시 자산 및 부채의 환산과정에서 발생하는 환산 손익으로 외화자산이나 외화부채는 환율의 변동에 따라 그 평가액이 달라지므로 해외사업소나 해외지점의 외화표시 재무제표를 일괄하여 원화로 환산하는 경우에 항목별 적용환율의 차이로 인하여 발생하는 외환환산 손익을 말한다.

대차대조표 작성기준 (6대원칙)

참고

1. **구분표시의 원칙** : 대차대조표는 자산, 부채 및 자본으로 구분하고, 자산은 유동자산 및 비유동자산으로, 부채는 유동부채 및 비유동부채로, 자본은 자본금, 자본잉여금, 자본조정, 기타포괄손익누계액, 이익잉여금으로 구분한다.

2. **총액주의 원칙** : 자산, 부채, 자본은 총액에 의하여 기재함을 원칙으로 하고 자산의 항목과 부채 또는 자본의 항목을 상계함으로써 그 전부 또는 일부를 대차대조표에서 제외하여서는 안 된다.

3. **1년기준과 영업주기 기준원칙** : 자산과 부채는 1년 영업주기를 기준으로 하여 유동자산 또는 비유동자산, 유동부채 또는 비유동부채로 구분한다.

4. **유동성배열의 원칙** : 대차대조표에 기재된 자산과 부채의 항목 배열은 유동성배열법에 의해서 기재 한다.

5. **잉여금 구분의 원칙** : 자본거래에서 발생한 자본잉여금과 손익거래에서 발생한 이익 잉여금을 혼동하며 표시하여서는 안 된다.

6. **미결산계정 표시금지의 원칙** : 가지급금 또는 가수금등의 미결산 항목은 그 성질을 나타내는 적절한 과목으로 표시하고, 대조계정 등의 비망계정은 대차대조표의 자산 또는 부채항목으로 표시하여서는 아니 된다.

손익계산서 (income statement)

	매출액
(−)	매출원가
	매출총이익
(−)	판매비와 관리비
	영업이익
(±)	영업외 수익과 비용
	경상이익
(±)	특별한 이익과 손실
	법인세 차감전 순이익
(−)	법인세 비용
	당기순이익
(÷)	발행주식수
	주당순이익(EPS)

구성된다.

수익계정은 생산, 판매, 용역의 제공 등을 통하여 자본의 증가를 가져오는 것을 말하는데 영업수익과 영업외수익으로 구성된다.

비용계정은 급여, 재료비등 손익거래에 의하여 자본의 감소를 가져오는 것으로서 매출원가, 판매비와 관리비, 영업외비용, 법인세비용으로 구성된다.

1) 영업수익

매출	상품 및 제품을 분할 상품계정(2분법이상)에 의해 처리할 경우의 상품 및 제품 판매금액
매출이익	상품 및 제품을 원가이상으로 매출하였을때 발생하는 이익금액

2) 영업외 수익

이자수익	기업이 은행에 예치하여 수취하는 이자 또는 타인에게 자금을 대여하여 받은 이자
배당금수익	다른 회사의 주식을 보유함으로써 받게 되는 배당금(현금배당, 주식배당, 의제배당 등)
임대료	부동산 또는 동산을 임대하고 타인으로부터 지대, 집세, 사용료등의 대가로 수취하는 금액.
단기투자자산처분이익	단기투자자산을 장부가 이상으로 처분 하였을때 발생하는 이익
단기투자자산평가이익	결산일에 단기투자자산의 공정가가 장부가보다 클 경우 그 차이에 해당하는 것

외환차익	외환자산을 상환 받을 때 원화로 받는 수취가액이 외화자산의 장부가액보다 큰 경우 발생되는 차익.
외환환산이익	외환채권, 채무를 결산기말에 현행 환율로 환산한 금액과 장부가액을 대비하였을때 발생하는 차익
지분법 이익	피투자 회사의 당기순이익중 소유지분에 해당하는 부분의 금액
장기투자증권 손상차손환입	매도가능증권, 만기보유증권 등의 장기투자증권의 회수가능액 또는 공정가액이 하락하여 회복 할 수 없는 경우 이를 감액하고 회복한 경우 다시 환입하는 것
투자자산처분이익	투자자산을 장부가 이상으로 처분했을때 발생하는 이익
유형자산처분이익	유형자산을 장부가 이상으로 처분했을때 발생하는 이익
사채상환 이익	사채의 조기 상환시 사채의 상환가보다 장부가가 많은 경우의 해당액
전기오류수정이익	당기이전에 발생한 수익 또는 비용이 잘못 기록된 것으로 판명되어 이를 당기에 수정하면

	서 발생한 이익 금액(단, 중대오류가 아닌 경우)
수수료수익	서비스(용역)의 제공으로 받은 수수료
자산수증이익	자본 보전등을 위하여 주주등이 무상으로 불입한 금액
잡이익	영업활동 이외에서 발생하는 이익으로 금액이 크지 않은 경우 처리하는 항목
채무면제이익	자본보전등을 위하여 주주등에 의해 채무를 변제받은 금액
보험차익	보험 피해금액보다 보상금액이 큰 경우, 그 큰 금액
매출원가	일정기간 중에 판매된 상품이나 제품등에 대하여 배정된 매입원가 또는 제조원가로서 영업활동에서수익을 창출하는데 직접적으로 기여하고 소멸된 재화나 용역원가를 말한다.
매출총이익	매출액에서 매출원가를 차감한 금액을 말한다.
판매비와 관리비	기업이 제품, 상품, 용역등의 판매활동과 관리활동에서 발생하는 비용으로서 매출원가에 속하지 아니하는 모든 영업비용을 포함한다.

(1) **급여 / 임원급여**

임직원에게 근로의 대가로 지급하는 금액으로서 판매와 일반관리업무에 종사하는 사용인 또는 종업원에 대한 급료, 임금, 잡금을 말하며 임원보수는 임원보수규정에 규정된 지급기준에 따라 규칙적으로 지급되는 급료이며, 매월 일정액이 지급되는 것.

(2) **퇴직연금**

1년이상 근무한 임직원이 퇴직 할때 지급하는 금액으로 법인의 종업원 또는 임원의 현실적인 퇴직을 원인으로 하여 지급하는 일시적인 급여를 퇴직금이라 하고, 퇴직급여계정에서 처리한다.

(3) **제수당**

판매와 일반관리업무에 종사하는 사용인 또는 종업원에 대한 급료, 임금, 잡금등을 말한다.

(4) **복리후생비**

급여이외의 임직원들의 복지를 위한 목적으로 사용하는 금액으로서 판매와 일반관리업무에 종사하는 종업원들에 대한 복리비와 후생비를 말하며, 법정복리비, 복리시설비, 보건후생비 국민연금부담액등을 포함한다.

(5) **임차료**

부동산에 관계되는 부동산임차료와 동산에 관계되는 동산임차료가 있는데 부동산이나 동산을 빌려 쓰고 그 사용대가로 지급하는 금액

(6) **접대비**

기업이 거래처나 이해관계자 및 지역사회와의 교제를 위해 소비하는 비용으로 사업상 지출되는 교제비 금액

(7) 감가상각비

유형자산의 취득원가를 사용 수익하는 기간에 배분함으로써 수익에 대응하는 비용으로 계상하는 것. 유형자산이 시간이 지남에 따라 그 가치가 점점 감소되는것을 그 자산의 내용연수에 따라 비용화 하는것

(8) 무형자산상각비

무형자산의 원가를 그 내용년수에 걸쳐 체계적, 합리적으로 기간 배분하여 비용처리 하는 것으로 영업권, 지적소유권등 물리적 가치의 감소현상은 없으나 영업활동의 지속과 관련되어 일정기간 수익요인으로 활용되므로 시간의 경과를 기준으로 그 가치의 감소를 반영하는 것.

(9) 세금과 공과

기업에 대하여 국가 또는 지방자치단체가 부과하는 국세, 지방세 등의 조세와 공공적 지출비인 동업조합, 상공회의소회비, 사업소세, 적십자사회비, 재산세, 자동차세, 국민연금회사 부담분, 벌금, 인지대 등의 각종 공공단체의 부과금 및 벌금, 과료, 과태료등 과징금을 처리하는 과목이다.

(10) 광고선전비

재화 또는 용역의 판매촉진이나 기업이미지 개선등의 선전효과를 위하여 불특정다수인을 대상으로 지출하는 비용을 말한다.

(11) 연구비

기업의 지속적인 영업을 지원하기 위하여 연구하는데 투자한 비용

⑿ 개발비

연구단계에서 지출된 비용은 당기 비용으로 처리하되 개발단계에서 지출되고 실현가능성, 판매의도, 능력, 유용성등의 자산인식기준에 부합하면 무형자산으로 처리하고 그렇지 않으면 당기 비용으로 처리한다.

⒀ 경상개발비

경상적으로 발생하는 연구개발비로서 여기서 연구개발비란 신기술의 연구 또는 개발활동과 관련하여 지출한 비용을 말한다.

⒁ 대손상각비

매출채권의 결산 시 예상되는 손실을 대손충당금으로 미리 설정하고 이를 비용으로 확정하는 것으로 회수가 불확실한 채권에 대하여 합리적이고 객관적인 기준에 따라 산출한 대손추산액과 회수가 불가능한 채권은 대손상각으로 처리한다.

⒂ 여비교통비

판매 및 일반관리부문에 종사하는 종업원 및 임원의 여비와 교통비를 처리하는 계정과목으로 버스요금, 택시요금, 시내출장비등으로 지급하는 금액

⒃ 통신비

전화, 우편, 전보료, 등기, 속달료, 봉투, 각종 우편요금 및 사설전신전화장치 등의 사용료 또는 그 유지를 위하여 지급한 비용을 말한다.

⒄ 수도광열비

수도료, 전력료, 가스대, 중유, 석탄, 기타의 연료대등에 소요되는 비용을 통틀어 수도광열비라고 한다.

⒅ **잡비**

판매비와 관리비 외의 모든 항목을 처리하는 계정으로 빈번하게 발생하지 않으나 소액인 경우 또는 다른 과목에 포함시키는 것이 적당하지 않은 비용을 계상한다.

3) 영업이익(손실)

매출 총이익에서 판매비와 관리비를 차감한 금액을 말한다.

4) 영업외수익

기업의 주된 영업활동이 아닌 부수적, 보조적 활동에서 매기 경상적으로 나타나는 이자수익, 배당금수익, 임대료, 유가증권처분이익, 유가증권평가이익, 외환차익, 외화환산이익, 지분법 평가이익, 투자유가증권감액손실환입, 투자자산처분이익, 및 유형자산처분이익, 사채상환이익, 상각채권추심이익등을 포함한다.

5) 영업외 비용

기업의 주된 영업활동이 아닌 부수적, 보조적 활동에서 발생하는 이자비용, 기타의 대손상각비, 재고자산평가손실, 기부금등을 포함한다.

6) 경상이익(손실)

영업이익(손실)에서 영업외수익과 비용을 가감한 금액을 말한다.

7) 특별이익

기업의 주된 영업활동이 아닌 우발적 원인에 의해 발생하는 투자자산처분이익, 채무면제이익, 보험차익 등이 포함된다.

8) 특별손실

기업의 주된 영업활동이 아닌 우발적 원인에 의해 발생하는 투자자산처분손실, 고정자산처분손실, 사채상환손실, 재해손실등이 포함된다.

9) 세전순이익(순손실)

경상이익(손실)에서 특별손익을 가감한 금액을 말한다.

10) 법인세

중단사업손익이 없을 경우 법인세 비용 차감전 순손익에 대응하여 발생한 법인세 비용이다.

11) 당기순이익(순손실)

일정기간 기업이 벌어들인 모든 수익에서 모든 비용과 손실을 차감한 금액을 말한다.

> ### 참고: 손익계산서 작성기준(4대원칙)
>
> 1. **발생주의 원칙** : 모든 수익과 비용은 그것이 발생한 기간에 정당하게 배분되도록 처리해야한다. 다만, 수익은 실현시기를 기준으로 계상하고, 미실현수익은 당기의 손익계산에 산입하지 아니한다.
> 2. **수익/비용 대응의 원칙** : 수익과 비용은 그 발생 원천에 따라 명확하게 분류하고 각 수익항목과 이에 관련되는 비용항목을 서로 대응표시 해야 한다.
> 3. **총액주의 원칙** : 수익과 비용은 총액에 의하여 기재함을 원칙으로 하고, 수익항목과 비용항목을 직접 상계함으로서 그 전부 또는 일부를 손익계산서에서 제외하여서는 안 된다.
> 4. **구분계산의 원칙** : 손익계산서는 ①매출총손익 ②영업손익 ③법인세차감전(계속사업)손익 ④중단사업손익 ⑤당기순손익으로 구분 표시해야한다.
> 다만, 제조업, 판매업, 건설업 이외의 경우 매출 총손익의 구분표시를 생략할 수 있다.

가슴이 뛰는 한 나이는 없다

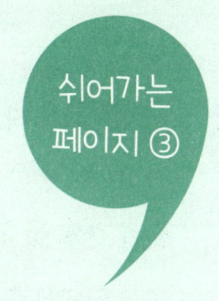

아흔을 바라보는 나이.
어쩌면 이제 살아온 인생을 돌아보고
정리해야 하는 나이로 생각할지 모릅니다.
하지만 작가이자 번역가인 김욱 작가는
아흔을 바라보는 이 나이에 아직도
현역으로 활동하고 계십니다.

김욱 작가는 소설가를 꿈꾸던 청년 시절,
6·25전쟁으로 북한 의용군에 강제로 끌려가
한순간 모두 꿈이 무너졌습니다.

의용군에서 탈출한 후 생업을 위해 기자 생활을 했습니다.
하지만 평생 모은 재산은 보증으로 날려 버리고
노숙자나 다름없는 신세가 되어 결국 남의 집
묘지를 돌보는 묘막살이를 해야 했습니다.
이미 그의 나이 일흔이었습니다.

하지만 김욱 작가는 '글을 쓸 수 있다'라는
확신으로 출판사의 문을 두드렸습니다.
작가 사후 50년이 지나 저작권이 소멸했지만
아직 국내에 출판되지 않은 주옥같은
작품들의 번역에 매달렸습니다.

그동안 김욱 작가는 자신의 이름으로
책을 낼 정도로 유명한 번역 작가가 되었으며,
고령이지만 누구보다 열심히 현역으로 살면서
200권이 넘는 책을 번역했습니다.

아흔의 나이로 현역이라는 것도 놀랍지만
일흔의 나이에 신인이었다는 것은
더욱더 놀랍습니다.

나이 일흔에 무일푼이 되었다는 처지는
누구라도 좌절하고 포기할만한 상황입니다.

하지만 아무리 절망적인 상황이라도
자신의 내면을 살피고, 아직 자신이 가진 것을

단단히 붙잡고 다시 일어설 수 있는
용기가 있다면 그 어떤 좌절도
극복할 수 있습니다.

끝나기 전까지는 끝난 게 아니다.
_ 요기 베라

가치 있는 기업의
초 간단 평가 방법 Tool

1) 기업의 가치 평가란?

: 기업가치평가란 투자에 대한 의사결정을 할 경우 필수적인 요소를 고려하여 기업이 가지고 있는 내적요인과 외적요인을 고려하여 기업의 장기적인 경영을 예측하고 계속기업으로 성장할 수 있는 원동력을 찾는 것이다.

◦ **기업의 내적요인**
1. 질적요인 : 경영자의 자질, 주주현황, 연구개발투자, 기술인력
2. 양적요인 : 기업의 수익성분석, 재무구조, 배당성향, 재무제표에관한 사항

◦ **기업의 외적요인**
1. 시장내적요인 : 정부의 시장규제 사항, 부양조치, 투자자의 심리 및 동향
2. 시장외적요인 : 경기순환, 물가동향, 금리수준, 통화신용, 재정정책, 환율

○ 기업의 가치는?

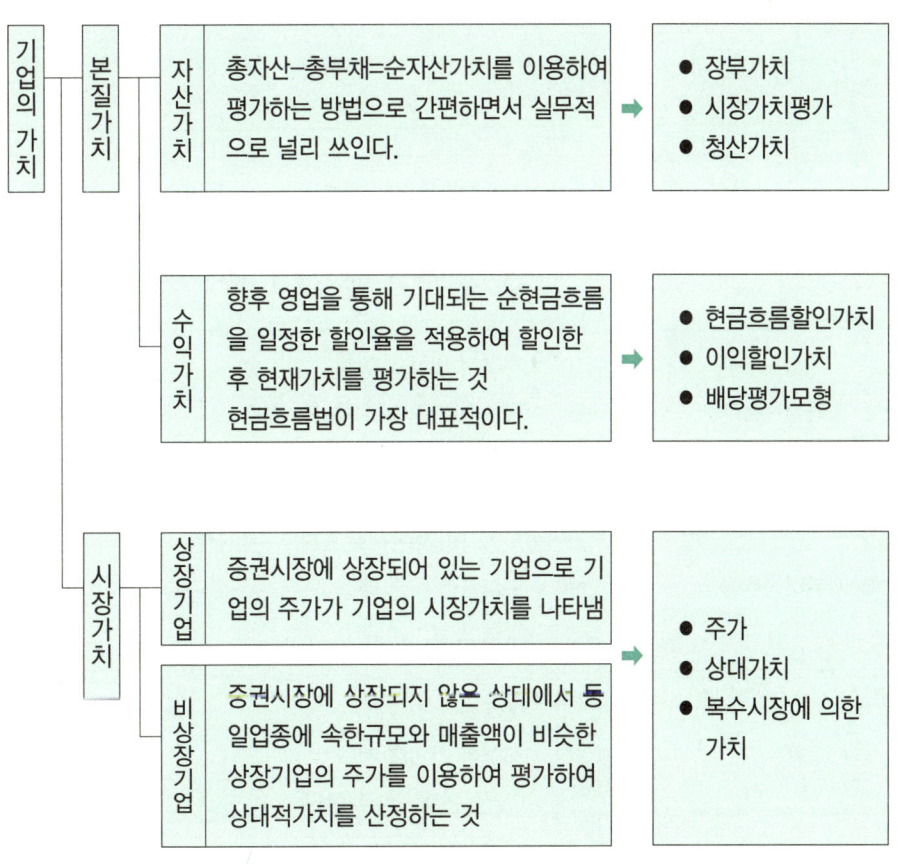

2) 기업이 창출하는 현금 흐름 할인법에서 찾는 기업의 가치

(1) 기업에 대한 가치평가의 순서

1. 과거실적분석	○ 가치창출요소의 산출 ○ 재무적 건전성의 분석 ○ 과거실적에 근거한 종합적 시각의 개발
2. 미래실적예측	○ 전략적 위상의 이해 ○ 전체적인 예측의 합리성 점검 ○ 미래실적 시나리오의 개발
3. 자본비용추정	○ 시장가치기준의 목표재무구조 설정 ○ 주식발행 비용 추정 ○ 부채 조달비용 추정
4. CV추정	○ 예측기간의 설정 ○ 적절한 기법의 선택 ○ CV를 현재가치로 할인
5. 결과물의 해석	○ 의사결정을 위한 결과물 해석 ○ 결과도출을 위한 계산과 검증

(2) 기업평가의 주요 요소(비계량적 평가 요인)

1. 기업을 경영하는 경영진의 경영능력과 신뢰성
2. 기업이 펼칠려는 사업아이디어의 실현가능성
3. 목표로 하는 시장의 규모와 잠재적 성장가능성 및 회사의 차별화된 핵심 역량과 인프라
4. 회사수익모델의 합리성
5. 초기투자에 따른 투자수익 확보 및 회수가능성에 대한 평가

(3) 현금흐름할인(DCF : Discounted Cash Flow)방법

DCF(현금흐름할인법)은 기업의 가치를 산정하는 데에 있어 한 기업의 자기자본(Equity)가치를 해당기업의 영업에서 발생하는 가치에서 부채와 보통주보다 변제순위가 우선되는 다른 투자자들의 청구권의 가치를 차감한 것.

이 방법은 현금흐름을 적정한 할인율로 할인하여 구한 현재가치로 기업가치를 측정하는 방법으로 현금흐름이란 총 현금 유입에서 총 현금 유출을 차감한 순현금유입, 즉 기업이 영업활동을 유지 또는 확대하면서도 자유롭게 사용이 가능한 현금을 의미하며 이를 잉여현금흐름(Free Cash Flow : FCF)이라 한다.

따라서 기업의 가치는 미래에 실현될 잉여현금흐름을 자본(Equity)의 기회비용으로 할인한 현재의 가치로 측정하여 기업이 발생 시킬수 있는 모든 미래의 여유현금흐름을 적절한 할인율(가중평균비용)로 할인하여 현재가치로 추정할 수 있다고 전제한다.

DCF법은 할인된 현금흐름의 추정과 할인율의 산정이 정확하게 이루어진다면 DCF법에 의한 투자대상회사의 평가는 가장 객관적이고도 합리적인 방법이라고 할 수 있다.

> 기업가치 = 미래영업현금흐름의 현가 + 연구가치의 현가
> 자기자본가치 = 기업가치 – 부채가치 – 우선주등의 가치

■ DCF법의 특성

1. 화폐의 시간적 가치와 회사의 수익성을 고려한 평가방법
2. 회사에 대한 재무적인 결과를 바탕으로 한 평가방법
3. 계속기업을 전제로 한 평가방법
4. 기업의 위험이 반영된 평가방법

■ 현금흐름할인법의 전제조건

1. 법인세 : 기업이 실제로 발생시킨 현금의 유출이므로 현금흐름할인법상의 현금흐름은 법인세 납부 후를 기준으로 해야 한다.
2. 증분효과(Incremental Effects) : 특정 투자안으로 부터 기대되는 현금 흐름을 추정할 때에는 특정 투자안이 다른 투자안의 현금흐름이 미치는 영향까지 고려해야 한다.
3. 매몰원가(Sunk Cost) ; 과거에 이미 발생한 비용으로 현재의 투자결정에 영

향을 미치지 않기 때문에 현금흐름에서 빼거나 포함시키지 않아야 한다.

4. 이자비용 : 기업에서 실제로 발생한 현금의 유출항목이지만 이는 현재가치 평가시 적용되는 할인율을 통하여 반영되는 항목으로 현금흐름을 계산할 때 이자 비용을 차감하고 다시 할인율을 적용한다면 이중 계산이 되기 때문에 현금 흐름 계산시 고려하지 말아야 한다.

5. 비현금비용 : 감가상각비와 같은 현금유출이 없는 비용은 현금 유출액에 포함시켜서는 안된다.

6. 인플레이션 : 현금흐름을 장기간에 걸쳐 추정하므로 현금흐름에 영향을 미치는 인플레이션과 물가등도 고려해야한다.

■ WACC(가중 평균 자본 비율) = S/S+B×Ke+B/S+B×Kd 구하는 전제 조건

Step1. 예정기간 동안의 기업의 매출액을 매년 예측.
    (성장율, 물가등을 고려하여 5~10년 이상을 예측)
Step2. 순현금 흐름 계산
Step3. 가중평균자본을 구하고 미래현금흐름을 현재가치화 시킴

$$WACC = S/S+B \times Ke+B/S+B \times Kd$$

(여기서 S:자기자본, B:타인자본, Ke:자기자본비용, Kd:타인자본비용)

: 현금흐름을 통하여 기업의 가치를 평가한다는 것은 현재 및 향후에 연속적으로 발생하는 현금흐름의 누적액으로 그 가치를 평가한다. 하지만 금액적으로 동일한 현금흐름이 기간에 상관없이 항상 동일한 가치를 갖는게 아니고 시간에 따라 서로 다른 가치를 가진다는 것에 주의해야 한다.

기간(t)	0	1	2	3	4	합계
현금흐름	100	100	100	100	100	500
현재가치	$100/(1.1)^0$	$100/(1.1)^1$	$100/(1.1)^2$	$100/(1.1)^3$	$100/(1.1)^4$	416.95
	=100	=90.91	=82.64	=75.1	=68.3	

Step4. 추정기간 후 잔여가치의 현재가치화

Step5. 기업가치 계산

	2016년	2017년	2018년	2019년
영업현금흐름(Step1,2)	2,000	3,000	1,500	2,500
가중평균자본비용	10%			
영업현금흐름의 현재가치(Step3)	1,818	2,479	1,127	1,705
추정영업현금 흐름 현재가치의 합	7,129			
추정기간후의 잔여가치의 현재가치(Step4)	10,000			
기업가치(Step5)	17,129			

⟨영업현금흐름의 현재가치⟩

2016년	2017년	2018년	2019년
2,000/1.1=1,818	$3,000/(1.1)^1$=2,479	$1,500/(1.1)^2$=1,127	$2,500/(1.1)^3$ =1,705

3) 기업의 순자산가치 평가를 통해서 찾는 기업의 가치

순자산가액 = 자산총액−부채총액+영업권 평가액

[규정]

1. 토지와 건물의 경우는 시가는 평가하되, 시가산정이 어려운 경우에는 토지의경우는 개별공시지가에 의한 금액으로 평가하고 건물의 경우는 상증법상(상속세 및 증여세법상)의 보충적 평가액으로 평가한다.
2. 투자주식의 경우는 비상장주식의 보충적 평가액을 준용하여 평가한다.
3. 대손충당금은 부채로 보지 않기 때문에 자산에서 차감하지 않고, 회수불가능 채권만 자산에서 차감한다.
4. 법인세법상 유보금액은 자산과 부채에 가감하여 반영하고, 대손충당금과 퇴직급여충당금과 같이 유보된 금액은 가감하지 않는다.
5. 선급비용과 무형고정자산(개발비), 이연자산은 자산에서 차감하여 계산한다.
6. 퇴직급여 충당금은 평가기준일 현재 추계액을 부채에 가산한다.

첫째, 순자산가치 평가방법의 적용순서

> 1주당 순자산가치 = 순자산가액/발행주식총수

예제〉 (주)비케이홀딩스의 순자산가액을 평가하고자 할 때 고려할 사항

(1) 장부가와 시가의 차이를 조정(예: 부동산, 투자자산, 유가증권등)

(2) 부실재고, 부실채권등 자산성이 없는 자산을 파악하여 제거

(3) 부외 부채(예: 어음, 수표를 이용한 부외부채, 타인/타사 지급보증)의 발생가능성 확인 및 유의

(4) 자산의 소유권을 확인(예: 기계장치의 임대, 리스)

(5) 계량화되지 않는 무형의 자산가치에 대해서도 고려(예: 특허권, 신제품개발 능력, 기술력, 시장점유율)

둘째, 기업가치평가내역

계정과목	대차대조표상의 금액	조정	차액
(주)비케이 홀딩스의 평가 차액명세서 (단위:억원)			
〈자산계정〉			
현금 및 현금등가물	71		71
단기금융상품	0		0
시장성유가증권	0		0
매출채권	114	(−)12	102

재고자산	148		148
기타 유동자산	32		32
투자자산	21	(-)8.3	12.7
유형자산	254	11.5	265.5
자산총계	641	(-)8.8	632.2
〈부채계정〉			
매입채무	149	5	154
유동성 장기차입금	9		9
기타유동부채	27		27
장기차입금	83		83
기타고정부채	13		13
부채총계	280		285
순자산가치	361	(-)13.8	347.2

〈조정사항〉

(1) 매출채권중 12억원이 회수가 불가능한 채권으로 판명되어 해당과목에서 조정

(2) 투자자산 중 시장성 없는 주식(비상장주식)중에서 (주)블루마린엔젤에셋의 공정가액이 취득가액보다 4억원 하락함에 따라 이를 해당과목에서 조정함.

(3) 투자자산 중 골프회원권과 콘도회원권의 시장가치가 8억 8천만원 하락함에 따라 해당과목에서 조정함

(4) 보유 토지의 공시지가와 건물의 재평가 결과 가격이 11억5천만원 하락함에 따라 해당과목에서 조정함

(5) 미회수된 어음 중 장부에 기록되지 않은 5억원짜리 어음이 발행되어 있음을 확인하고 부외부채로서 해당부채계정에서 조정함

셋째, (주)비케이홀딩스의 순자산가치 평가 내역서

《(주)비케이홀딩스의 순자산가치 평가법에 의한 1주당 순자산가치》

구 분	금 액 (단위:억원)
A. 순자산가액	
대차대조표상 자산총액	641
대차대조표상 부채총액	280
조정항목	(−)13.8
순자산가액	347.2
B. 발행주식수	15,000,000주
C. 주당순이익	2,315원

4) 유사기업 선정시 고려사항

(1) 일반적으로 통계청의 "한국표준산업분류"에 의하여 중요한 업종에 속한 기업을 선정

(2) 경영진, 제품, 경쟁상황, 기업역사, 자본구조, 기업규모, 기술, 시장등의 측면을 고려하여 유사회사를 선정.

(3) 분석대상기업의 업계 내 위치, 경쟁상황, 규제등에 관한 분석자의 지식과 경험, 판단을 고려하여 유사회사를 선정

(4) 재무비율등 비율분석을 검토함으로서 유사회사가 될 수 있는 다수의 후보기업이 있다고 하더라도 목표회사와 아주 다른 재무비율을 갖는 기업은 유사회사에서 제외시켜야 함.

5) 성장가치 있는 기업을 선정하기 위한 공통변수

공통 변수	내 용
PER : Price Earnings Ratio 주가수익률	경기변동에 민감한 제조업, 수개연도의 평균치를 사용하는 경우가 많음
PBR : Price Book Value Ratio 시장 및 장부가치	금융서비스 업종, 부동산등 장부가치가 시장가치에 근접하는 경우
PSR : Price Sales Ratio 주가와 주당매출액	성장률은 높아 향후 흑자를 예상하고 있으나 현재는 적자인 회사

(1) PER(주가수익률)

: 현재의 주가를 해당기업이 벌어들인 1년간의 주당순이익으로 나눈 것을 비율로 나타낸 투자지표

PER(주가수익률)= 주식의 가치(주식가격)/EPS(주당순이익)

○ 장점 : 계산이 간편하며 주식의 가격과 순이익을 직접적으로 연관해서 평가할 수 있으며 주당순이익에 비하여 주가가 얼마나 높은가를 나타낸다.
○ 단점 : 절대적 PER 수준만을 투자지표로 삼는 것은 금물이다.

시장의 왜곡가능성도 고려해야 하면 어떤 기업이 음의 주당수익을 가지고 있다면 주가수익률을 통한 평가가 불가능하다.

예제) (주)비케이홀딩스
    ○ 주당이익(EPS) : 675원
    ○ 주당액면가액 : 500원
    ○ 주식수 : 보통주 15,000,000주 발행
    ○ 주가 수익비율(PER)을 산출하여 평균치를 계산한 결과 5.0배
    ↓
    ○ 1주당 주식가치 = 675원(EPS) X 5.0(PER) = 3,375원
    ○ 주주지분의 총가치 = 3,375원 X 15,000,000주 = 506.25억원

(2) PBR(시장가치 대 장부가치)

: 비교집단을 선정하고 비교집단의 평균 **PBR**을 산출하여 이를 상호 비교하여 기업가치를 평가하는 방법으로 주가 순자산비율로 주가를 1주당 순자산으로 나눈 것.

> PBR(시장가치 대 장부가치비율) = 주식의 가치/주식1주의 장부가치

구 분	금 액
A. 순자산가액	347억원
B. 발행주식수	15,000,000주
C. 주당순자산가액	2,315원
D. Price-Book Value Ratio(PBR)	39.34%
E. 추정주당가치	911원

(3) PSR(주가와 주당매출액)

: 회계처리방법 차이로 인해 발생할 수 있는 오류를 감소 시킬 수 있는 장점이 있다. 적용대상기업은 ①창업한지 얼마 되지 않는 벤처기업 ②EPS가 음(-)이어서 PER을 사용할 수 없는 기업 ③기업의 가치가 매출과 관련성이 매우 높은 서비스업종등에 사용한다.

> PSR(매출액에대한 주가비율) = 주식의 가치/주식의 1주당 매출액

(4) 그 밖에 유용한 가치평가 Tool

o **ROE**(Return On Equity : 자기자본이익률)

: 기업의 자기자본에 대한 기간이익의 비율

⇒ 자기자본이익률(ROE)이 높은 기업은 자본을 효율적으로 사용하여 이익을 많이 내는 기업으로 주가도 높게 형성되는 경향이 있어 투자지표로 활용된다.

o **BPS**(Book-Value Per Share : 주당순자산)

: 회사의 자산충실도가 주가에 얼마나 반영되어 있는지를 측정하는 지표

⇒ 자본총계에서 자산성이 없는 항목(무형자산 사외유출금)을 차감하고 기말의 발행주식수로 나누어 계산한다.

> 주당순자산(BPS) = (자산총계−무형자산−사외유출금)/기말 발행주식수

o **EPS**(Earning Per Share : 주당순이익)

: 당기순이익을 평균발행 주식수로 나눈 수치다

⇒규모가 다른 기업의 수익성을 비교할 때는 이익의 절대규모만으로는 불가능하기 때문에 주당 순이익으로 평가한다. 주당순이익(EPS)는 주가수익비율(PER)의 계산에 이어 기초가 된다. 모든 투자자들이 주가수익비율(PER)만을 기

초로 투자한다면 이론적으로 모든 종목의 주가수익비율(PER)는 시장평균치와 일치해야 한다.

그냥 읽어보는 주식 격언 50선

1. 주식을 사기 보다는 때를 사라.
2. 차트는 시세의 길잡이다.
3. 숲을 먼저 보고 나무를 보아라.
4. 사는 것 보다 파는 것이 더 중요하다.
5. 자신에게 가장 알맞는 투자 방법을 개발하라.
6. 대중이 가는 뒤안 길에 꽃길이 있다.
7. 어설픈 상담자가 투자를 망친다.
8. 시세는 시세에게 물어라.
9. 때가 올때까지 기다리는 사람이 성공한다.
10. 사고 팔고 쉬어라. 쉬는 것도 투자다.
11. 생선의 꼬리와 머리는 고양이에게 주라.
12. 확신이 있으면 과감하게 투자하라.
13. 주식이 잘 될 때 너무 자만하지 마라.
14. 시장분위기에 도취되지 마라.
15. 충동매매는 후회의 근본이다.
16. 투자에 성공하려면 타이밍과 종목선택 둘다 잘해야 한다.
17. 주식투자는 절대적 유연성이 필요하다.
18. 팔고나서 올라도 애통해 하지 마라.
19. 움직이지 않는 주식에는 손을 대지 마라.
20. 인기주는 초기시세에 따라 붙어라.
21. 하루 이틀의 잔파도는 타지 마라.
22. 10%의 주가 등락은 대세 전환일 경우가 많다.
23. 여유자금으로 투자하라.
24. 격언을 모르고 시세에 뛰어들지 마라.

25. 매입가격은 잊어버려라.
26. 하루종일 시세판을 쳐다보고 있어도 돈을 벌 수 없다.
27. 행운아에 따라 붙어라.
28. 매입은 천천히 매도는 신속하게 하라.
29. 나누어서 사고 나누어서 팔아라.
30 소문에 사고 뉴스에 팔아라.
31. 내부자의 조언도 100% 믿어서는 안된다.
32. 뉴스를 과신 말고 기사는 행간을 읽어라.
33. 재료가 반여되지 않으면 팔아라.
34. 천재지변이나 돌발사태로 인한 폭락은 사라.
35. 보합시세는 무너지는 쪽으로 붙어라.
36. 천정권의 호재는 팔고 바닥권의 악재는 사라.
37. 대세는 오래가도 개별 종목시세는 짧다.
38. 종목별로 상승하고 일제히 하락한다.
39. 달걀은 한 바구니에 담지마라.
40. 모두가 좋다는 종목은 피하는 것이 좋다.
41. 모든 재료가 곧 바로 주가에 반영되지는 않는다.
42. 신고가는 따라 붙어라.
43. 시대적 요구에 부합되는 미인주를 발굴하라.
44. 매매기준은 주가 수준보다 대세흐름을 봐야한다.
45. 기업분석에 지나치게 치중하지 마라.
46. 장기간 움직이미 않던 주식이 오르기 시작하면 크게 오른다.
47. 끼있는 주식이 가장 잘 올라간다.
48. 넝마주도 큰 돈 벌 수 있다.
49. 배당보고 투자하지 마라.
50. 밀짚모자는 겨울에 사라.

[출처] 주식 격언 50선 (펀글)|작성자 불꽃

행복의 조건

쉬어가는 페이지 ⑭

'많은 사람이 행복해지기 위해 노력하는데
그러면 행복해지기 위한 조건은 뭘까?'

나이는 어리지만 현명한 한 아이가 생각했습니다.
그리고 아이는 자신의 궁금증을 풀기 위해
여러 사람을 찾아가 행복의 조건이
무엇인지 물어보았습니다.

길에서 구걸하는 사람이 말했습니다.

"당연히 돈이지.
많은 돈을 가지고 큰 집에서 깨끗한 옷과
좋은 음식을 매일 먹을 수 있으니
얼마나 행복하겠어."

이번에는 부유하고 명예까지 있지만
나이도 많고 건강도 좋지 않은

부자가 말했습니다.
"젊고 건강한 몸이 진정한 행복이야.
내 팔다리로 마음껏 뛰고 달릴 수 있는 것이
바로 최고의 행복이야."

같은 질문에 대해서 젊고 건강하지만
결혼하지 못한 군인이 말했습니다.

"따뜻하고 화목한 가정이 제일 중요하지.
기쁜 일도 슬픈 일도 언제나 함께할 아내와
귀여운 재롱을 부리는 아이가 있으면
행복할 거야."

남편과 함께 다섯 아이와 생활하는
여성이 말했습니다.

"혼자만의 시간이 필요해.
가족도 잠시 잊고 나만의 평화로운 시간을
가지면 행복할 거야."

여러 사람을 만난 아이는 행복의 조건이
무엇인지 알게 되었습니다.

"나에게 없는 것이 행복의 조건이구나."

이미 당신이 당연시하는 행복한 조건이
다른 누군가가 간절히 원하는 행복의
조건이 될 수도 있습니다.

오늘의
명언

어리석은 자는 멀리서 행복을 찾고,
현명한 자는 자신의 발치에서 행복을 키워간다.
_ 제임스 오펜하임

우리는 천사(angel)다 :
엔젤투자의 이해 및 엔젤투자자

1) 엔젤은 정말 천사인가?

사업을 막 시작한 신생기업에서는 모든 것이 부족하고 아쉬울 것이다.

그중에도 시작과 끝을 좌우하는 것이 사업의 아이템도 인력도 경영진의 노하우도 아닌 자금이라는 것을 알게 되는데에는 그리 많은 시간이 소요되지 않을 것이다.

회사의 시작과 발전 그리고 성장을 위해서 시기적절한 타임에 공급되는 자금이야 말로 인간의 몸을 구성하는 피(Blood)와 같다.

그렇다면 이런 피를 공급해주는 사람은 누구인가? 우선적으로 경영자의 가족과 지인 그리고 사회에서 만난 일면식이 있는 사람이 우선적으로 자금을 지원해주는 역할을 하겠지만 초기자금이 다 고갈된 상황에서는 그 누구에게도 기댈 수 없게 될 때 나타나는 소수의 사람을 우리는 흔히 천사(Angel)이라고 한다.

이때 나타나는 천사는 두 가지로 분류할 수 있는데, WA와 BA라는 약칭으로 WA는 white angel을 뜻하고 BA는 black angel을 뜻한다. 누구나 WA를 만나고 싶어하지만 대부분의 경우 BA를 만나서 그동안 공들인 기업을 통째로 상납하는 경우도 발생한다.

반대로 WA인 사람들이 간악한 경영자를 만나서 평생을 모은 재산을 탕진하는 경우도 발생한다.

(1) 엔젤(Angel)이란

엔젤이란 창업 전 또는 창업초기(Start-up, Early State)의 단계에 있어 벤처기업들에게 필요한 자금을 공급해주고 경영에 필요한 자문을 수행하는 개인투자자들의 집단을 통칭해서 말한다.

초기 미국의 브로드웨이에서 자금의 부족으로 인하여 공연이 무산될 처지에 있던 오페라 공연에 순수한 목적으로 후원하고자 나타나 자금을 지원해 줌으로써 공연을 성공리에 마칠수 있도록 재정적지원을 한 사람들을 천사라고 칭송한 것에서 유래되었다고 한다.

이말은 전세계 벤처의 산실인 실리콘밸리로 건너가 돈 많은 개인이 창업초기에 있는 기업을 대상으로 투자함으로써 엔젤이란 말이 대 유행하게 되었다.

엔젤은 벤처기업의 자금조달에서 중요한 위치에 있는 이유는 창업초기 자금조달이 가장 어려운 시기에 자금을 지원해 주고 불확실성(High Risk)이 큰 초기단계의 신생기업에게 상대적으로 매우 싼 가격에 벤처기업의 주식에 투자하여 기업을 급성장시킴으로서 기업과 함께 주가상승의 기쁨을 누리는 것을 말한다. 특히 담보력이 취약하고 아이디어만 있는 벤처기업은 은행등과 같은 금융기관을 통해 외부자금을 조달하는 것은 현실적으로 불가능하며, 조달을 했더라도 높은 금융비용이 원인이 되어 뜻을 펼치기도 전에 기업의 부채비율 상승과 원금과 이자 상환의 압박으로 말미암아 도산이 될 수도 있다.

초기기업은 자금적 압박 및 경영간섭 배제를 위하여 우량 개인투자자를 끌어들이기 위해 부단히 노력한다.

엔젤의 유형

가. 투자주체에 따른 분류
① 비즈니스엔젤(Business Angel)
② 엔젤클럽(Angel Club)
③ 개인엔젤투자조합

나. 자금에 따른 분류
① 러브머니(Love Money)
② 엔젤캐피탈(Angel Capital)
③ 엔젤펀드(Angel Fund)

다. 특성에 따른 분류
① 수익우선 엔젤(Portfolio Angel)
② 전문직업인 엔젤(Profession Angel)
③ 경영간여 엔젤(Micromanagement Angel)
④ 취미엔젤(Enthusiast Angel)
⑤ 기업가 엔젤(Entrepreneurial Angel)

⑥ 경영자 출신 엔젤(Corporate Angel)

라. 역할에 따른 분류

① 리드엔젤(Lead Angel)

② 서포트엔젤(Support Angel)

2) 엔젤투자자들이 발굴하는 좋은 기업의 일반적인 절차

기업정보(자료) 획득 => 획득정보(자료) 분석 => 투자대상 후보기업 선정 => 기업평가 => 대상 기업 실사 => 기업 가치 평가 => 투자조건 협상 및 계약체결 => 투자계약초안작성 => 투자집행 => 실적보고 및 관리 => 경영지원활동 => 사후관리 => 투자금 및 수익금 회수

〈엔젤투자 프로세스〉

단 계	진행 사항	세부 내용
① 기업발굴 (Sourcing)	기업정보획득	개인적 친분과 인연, 지인의 소개, 엔젤클럽의 투자제안, 투자설명회 참여등을 통하여 투자대상기업의 정보 획득.
	획득정보분석	사업계획서 또는 투자제안서를 기본으로 회사의 일반현황, 사업분야, 산업동향, 사업전략등을 분석하고 필요한 경우 추가자료를 투자대상기업에 요청하기도 하고 인터넷등을 활용해 자료검색, 전문가의 의견수렴등을 수행.
② 실행 (Doing)	대상기업 실사	정보분석 과정을 통해 도출된 의문점 및 확인사항에 대해 기업방문 및 경영진 미팅을 통해 의문점 해소
	기업가치평가	투자대상기업의 기업가치에 대해 정보분석과 실사 결과를 고려하여 산정
	투자조건 협상 및 계약체결	기업과 엔젤간의 기업가치에 대한 인식의 차이, 투자의 방식, 사후관리 방법등 계약의 세부사항등에 대해 협의하고 계약체결
	투자집행	투자대상기업의 법인통장등을 통해 투자금액을 입금하고 투자계약서, 주권보관증, 주주명부등을 발급받고 확인.
③ 관리 (Monitoring)	실적보고 등 관리	사업계획의 진행상황과 성과등에 대해 실적보고서, 감사보고서, 인터넷 IR페이지등을 통해 확인
	경영지원 활동	투자계약시에 경영지원활동에 관하여 합의한 바에 따라 판로개척, 거래처소개, 경영자문등의 지원활동수행.
④ 회수 (Exit)	투자금의 회수	투자기업이 기업을 공개하는 경우(IPO), M&A를 시도하는 경우, 투자계약조건에 따라 투자원금과 수익을 회수할 수도 있고 때로는 인터넷 장외주식거래사이트를 이용한 주식매매를 통해 투자수익회수.

3) 엔젤투자시 장외시장의 이해와 투자절차 및 참고사항

(1) 장외시장 이해

장외시장은 거래소, 코스닥 시장 이외의 장소에서 유가증권거래가 이루어지는 시장을 말한다. 즉, 비상장주식이 여기에 포함되고 증권거래소에 등록된 후 퇴출된 회사도 포함되는 시장을 말한다. 장외시장은 유가증권의 거래가 개인과 개인들 간에 매매계약서 형태로 이루어지는 직접거래와 증권회사와 같은 전문중개기관이 개입하여 이루어지는 중개시장으로 나누어지는데 최근에는 인터넷사이트를 통하여 직접거래가 많이 이루어지고 있는 추세다.

(2) 장외주식의 속성

장외주식은 공식적인 증권선물거래소에서 상장된 주식에 비해 매력이 떨어지는 가장 큰 이유는 환금성이 상장주식보다 떨어지기 때문이다.

부동산이 매력적이지만 환금성이 떨어지는 이유로 경제적이든, 개인적 사정에 따라 현금화를 해야 될 때 적정한 가격과 시기에 팔수 없는 이유와 같다.

그래서 공식적인 증권거래소에 상장되지 않은 주식은 무조건 불안하게 느끼며 본질의 가치보다 낮게 평가되는 것이다.

(3) 주식중개인과 주식영업인

주식중개인은 이미 스스로 투자결정을 내린 누군가로부터 매수/매도 주문을 받는다.

주문을 받은 물량이 소규모가 아니라 대규모 물량일 경우 주식중개인은 기업발굴 및 분석비용으로 시간대비 용역비를 합리적인 선에서 책정하여 받을 수 있다.

이와 대비되는 주식영업인은 고객을 설득하느라 훨씬 더 많은 시간을 들인다.

하루에 활동할 수 있는 시간은 한정되어 있다. 따라서, 주식중개인의 버금가는 이익을 거두기 위해 주식영업은 상당히 높은 수수료를 받아야 하지만 현실은 그렇지 않다. 주식중개수수료를 받으면 실정법 위반이다. 자기자본으로 주식을 매수하여 매도하면 매도차액이 바로 수익인데 수익에는 세금납부의 부담이 따른다. 또한 자기자본으로 주식을 매입한 후 주가가 떨어지면 손실도 발생할 수 있다.

그리하여 오늘날 주식시장 환경에서 주식 영업인은 소액투자자 고객을 상대해야 하는 단점과 주식매입 초기자금이 반드시 필요로 한다.

(4) 장외주식의 직접투자절차

투자받을 회사의 IR -〉 투자할 회사의 평가 -〉 투자협의및 검토 -〉
투자실행 -〉 사후관리

장외주식에 직접 투자하기 위해서는 우선적으로 유망한 투자대상기업을 발굴해야한다. 개인적으로 친인척, 지연, 학연의 소개 및 기업투자설명회, 창업투자회사 IR, 전시회, 방송, 관련소식지, 업체직접방문, 창업보육센터등을 통하여 투자대상기업을 발굴하고 직접적으로 회사에 대한 기본서류를 받아야 한다.

잠재적으로 우수한 기업을 남보다 빨리 발굴하는 것이 경쟁에서 유리하다. 다양한 정보채널을 통하여 성장하고 있는 산업이 어떤 기업인지 정보를 입수하여 해당회사가 자금이 필요할 때 유상증자나 신주인수권부사채(BW)형식으로 참여해야한다.

다음으로, 사업계획서를 보거나 기업평가 보고서를 분석하여, 기업의 성장성, 수익성, 활동성, 안정성을 다양한 방법으로 검토한 후에 투자를 결정하게 되는데 구체적인 지분과 가격협상에 필요한 데이터를 보유한 후에 가격절충에 들어가면 계약단계로 접어든다.

'계약은 돌아올 수 없는 강을 건너게 된다'는 마음으로 신중에 신중을 기해야 한다. 기업이 제시한 투자계약서 내용을 꼼꼼하게 살펴보아야 한다.

나중에 투자한 기업이 비약적으로 성장하여 상장시점에 기업과 맺은 계약내용의 의견차로 인하여 기업경영자와 시비가 생길 수 있기 때문에 가급적 비용이 들어가도 변호사의 자문을 받을 필요가 있다. 은행에서 사용하는 표준계약서와 투자계약서는 완전히 다른것처럼 투자를 결정했다면 투자계약서 초안을 요구해서 사전에 면밀히 검토 하는것이 좋다.

투자계약서를 검토하다 수용하기 힘든 조건이 있을 때에는 수정을 요구하거나 투자를 포기 하는것 까지 고려해야한다. 투자계약서 내용은 회사마다 다르므로 주식매각 제한조건과 사후관리 조건에 따라 주식매각제한을 통하여 기업이 최소한의 주가관리를 할 수 있도록 해야 한다. 투자 후 사후관리를 위해서 투자측 사람을 취직시키는 방법도 고려해 볼만하다.

회사임직원을 못 믿고 간섭하기 위해서가 아니라 경영상 어려울 때나 경영지원을 해야 할 때 신속하게 대처할 수 있기 때문이다. 투자를 결정하여 주식 또는 지분을 매수했다는 것은 기업과 한배를 탔다고 보면 된다. 기업의 발전이 나의 미래의 수익을 좌우하기 때문에 경영은 위탁하여도 기업의 중요시점에는 자신의 목소리를 낼 수 있는 모든 방안을 강구해 놔야 두발 뻗고 잘 수가 있다. 다음으로 회계감사 및 영업보고에 대한 내용, 회계감사는 기업이 임의적으로 정하는 경우가 많지만 대외적으로 신뢰가 높은 회계법인을 기업과 함께 선정하는 것도 고려해 볼만 하다.

투자 후 관리의 중요한 점은 무엇보다도 기업과 투자자의 상호신뢰가 매우 중요하다 매 분기마다 주주간담회를 통하여 충분한 의사소통을 하고 기업의 상황을 수시로 설명 받고 협의함으로써 신뢰관계를 구축해놔야 한다.

(5) 엔젤투자시 참고사항

엔젤투자는 개인투자자가 자기책임 아래 벤처라는 고위험 투자상품에 투자하는 것으로서 엔젤투자에서는 과욕을 부려서는 안 된다.

미국 실리콘밸리에서도 벤처투자의 성공확률을 10%이하로 본다. 10개의 기업에 투자한다면 살아남아 나에게 수익을 안겨줄 수 있는 기업이 1개 내외 밖에 되지 않는다는 점을 명심하여야 한다. 엔젤투자를 결정하기에 앞서 반드시 고려해야 할 사항을 말하면

첫째, 투자의 기본에 충실해야한다. 즉, 기업 담당자가 이해할 수 없는 현란한 기술소개에 현혹되기보다는 자신이 아는분야의 기업을 선택하는 것이 바람직하며, 핵심기술을 보유한 기업인가를 확인하고 투자받은 자금을 기업의 핵심사업을 위해 사용하는지를 반드시 확인해야 한다. 즉, 이 기업의 핵심역량이 무엇이고 기업의 경영자는 핵심역량을 육성하고자 하는 의지를 확고히 갖고 있는지 파악해야한다.

둘째, 기본적인 재무제표 분석능력을 길러야 한다. 투자를 결정한 이후에도 기업의 재무상태를 지속적으로 파악할 수 있는 능력이 있다면, 추가 증자시에 재투자를 할 것인지 아니면 장외시장을 통해 주식을 매각할 것인지 등의 중요한 의사결정을 내릴 수 있다. 본인이 투자한 기업을 본인이 경영한다는 마음으로 세세한 자금흐름까지 집어낼 수 있는 재무/회계능력 향상에 힘을 써야 한다.

셋째, 본인 혼자의 독자적인 투자보다는 여러사람 내지 조합을 통하여 투자하는것이 바람직하다, 벤처투자에 전문적인 지식을 갖춘 투자자라면 상관없겠지만 대부분의 개인투자자의 경우 투자판단 능력이 부족하기 때문에 독자적으로 기업을 접촉하여 투자결정을 내리는 것보다 믿을 수 있는 기관이나 엔젤클럽을 통하여 투자에 참여하는 것이 유리하며 투자 이후에도 지속적으로 기업의 경영상태를 점검할 수 있다.

넷째, 철저한 자료조사와 사업계획서의 신뢰성 검토가 필요하다. 인터넷 공모 등을 통해 투자에 참여하는 경우 회사 측에서 제공한 자료를 모두 신뢰할 수는 없다.

기업에서 제공하는 사업계획서를 그대로 믿어서는 곤란하며, 자료의 진위여부를 반드시 확인해야한다. 이 경우, 공신력있는 기관의 자료를 보충하여 투자자가 기업측에 역으로 의문점을 물어 보는 것이 좋다.

다섯째, 주권의 거래와 관련된 기본 지식을 습득해야 한다. 실제 투자금을 납부하고 주권을 교부받는 과정에서 주권 및 주권의 거래에대한 기본지식을 갖춰야 나중에 투자자금을 회수과정에서 당황하는 일이 없을 것이고, 특히, 직접증자에 참여하지 않고, 제 3자의 투자자로부터 주권을 매입하는 경우에는 주권의 진위여부에 대해 반드시 미리 해당기업을 통해 확인을 받고, 회사주주명부에도 등록해야 한다.

마지막으로, 가장 중요한 사항은 자신의 여유 자금내에서만 투자하라는 것이다. 엔젤투자는 투자금의 회수기간이 짧아도 3년내지 길게는 10년이상 소요되는 장기적 투자이기 때문이다. 해당업체에서 제시하는 코스닥 등록시기는 가장 낙관적인 전망하에 나오는 수치이기 때문에 실제 투자금을 회수하는 기간은 더 길어질 수 있다. 기다릴 여유가 없는 사람, 손실을 감수하기 어려운 사람은 투자에 신중을 기하는 것이 본인의 재정과 정신건강에 좋다.

4) 장외기업 투자와 관련된 세제 및 절세 전략

장외기업주식은 상장주식과 달리 매매를 통하여 수익이 발생되었을시에는 주식양도소득세와 증권거래세가 발생한다. 투자자들은 투자조합을 통하여 장외주식에 투자하게 되면 세제혜택을 볼 수 있다. 투자조합출자를 통해서 얻을 수 있는 소득공제효과는 다음과 같다.

(1) 소득공제대상

거주자가 투자조합등에 직접 출자 또는 투자액이 있는 경우에 투자금액이 10%를 종합소득금액의 50%범위내에서 소득 공제한다.

(2) 투자조합등 투자의 범위

중소기업 창업투자조합, 한국벤처투자조합, 신기술사업투자조합, 기업구조조정조합 또는 부품소재전문투자조합에 출자하거나 벤처기업 투자신탁의 수익증권에 투자하는 경우, 혹은 벤처기업육성에 관한 특별조치법에 의하여 벤처기업에 투자하는 경우에 한하여 소득공제한다.

(3) 소득공제의 제한

타인의 출자지분이나 투자지분 또는 수익증권을 양수하는 방법으로 출자하거나 투자하는 경우에는 소득공제에서 제외 한다. 또한 한해에 2회이상 투자하는 경우 각 회분마다 연도를 선택할 수 있으나 1회의 투자금액에 대하여 분할하여 여러 연도에 공제 받을 수는 없다.

(4) 공제세액의 추징

소득공제를 적용 받은 거주자가 출자일 또는 투자일부터 5년이 경과하기 전에 출자지분을 이전하거나 회수하는 경우, 벤처기업육성에 관한 특별법에 의한 벤처기업에 투자한 지분을 이전하거나 회수하는 경우에는 공제세액을 추징한다.

(5) 주식양도소득세의 계산구조 (ex〉3,000만원의 양도차액발생시)

구 분	내 용	비 고
양도가액	₩150,000,000	
(−)취득가액	₩115,500,000	선입선출법에 따라 계산
(−)필요경비	₩4,500,000	증권거래세(3/10,000)
양도차익	₩30,000,000	
(−)기본공제	₩2,500,000	거주자별 250만원
과세표준	₩27,500,000	
(X)세율	X 10%	10% ~30%
산출세액	₩2,750,000	
(−)세액공제	₩275,000	산출세액의 10%
부담세액	₩2,475,000	
주민세액	₩247,500	부담세액의 10%
총부담세액	₩2,722,500	

(6) 주식양도소득세율

구 분		세 율
중소기업 이외의 주식	대주주의 1년미만의 보유분	30%
	위 이외의 주식	20%
중소기업의 주식		10%

① 중소기업의 구분

중소기업이란 주식등의 양도일이 속하는 사업연도의 직전사업연도 종료일 현재 중소기업기본법 제2조의 규정에 의한 중소기업을 말하며, 크게 업종기준, 규모기준, 독립성기준, 중소기업졸업기준을 모두 만족하는 기업을 말한다.

② 대주주의 범위

주주1인과 특수관계에 있는 주주가 주식 등의 양도일이 속하는 사업연도의 직전사업연도 종료일 현재 당해법인의 주식등의 3%(코스닥 상장법인의 경우 5%) 이상 보유하거나 직전사업연도 종료일 현재 시세총액이 100억원(코스닥상장법인의 경우 50억원)이상 보유하고 있는 주주.

③ 예정신고 납부세액 공제

주식의 양도일이 속하는 분기의 말일부터 2개월이내에 양도소득세를 신고, 납부하는 경우에는 산출세액이 10%세액 공제한다.

④ 확정신고

주식양도소득에 대한 예정신고를 하지 않은 사람은 양도일이 속하는 다음해 5월말까지 양도소득세를 신고 및 납부하여야 하며, 이를 위반한 경우에는 가산세(신고불성실 및 납부불성실)를 부과한다.

(7) 증권거래세
① 납세의무자 및 납세자

상장주식 또는 비상장주식을 양도한 자는 주소지 관할 세무서장에게 증권거래세를 신고 및 납부하여야 한다.

② 과세표준및 세율

주권의 양도가액을 과세표준으로 하되, 양도금액이 상속세 및 증여세법등의 규정에 의한 가액보다 낮은 경우에는 그 평가액을 과세표준으로 하고, 증권거래세의 세율은 1,000분의 5로 한다.

③ 신고기한 및 가산세

주권을 양도한 날이 속하는 다음날 10일까지 관할 세무서장에게 증권거래세를 신고 및 납부하여야 하며, 이를 위반시에는 신고불성실가산세(산출세액의 20%)와 납부불성실가산세(산출세액의 3/10,000)를 납부하여야 한다.

인생의 복기

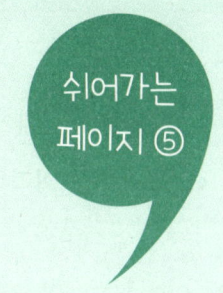
쉬어가는 페이지 ⑤

바둑기사들은 종종 혼자서 바둑을 두기도 합니다.
바둑에 대해서 모르는 사람은 혼자서 어떻게
바둑을 두는지 의아해하지만 그 바둑기사는
복기를 하는 중입니다.

복기는 이미 끝난 바둑의 승부를
그대로 바둑판 위에 한 수씩 재현하는 것입니다.
대부분 승리와 패배를 다시 분석하여
차후 승부에서 밑거름을 삼기 위해서이고,
때로는 명인의 명승부를 존경하는
의미에서 복기하기도 합니다.

그런데 보통 한 번의 승부에
두는 수는 평균 400개입니다.
그러니까 복기를 하는 바둑 기사는
400번의 착점을 모두 외우고 있다는 것입니다.
그것도 자기와 상대방이 두는 순서까지 기억하며

그대로 재현해야 하는데 바둑 기사들은
이 복기를 어려워하지 않습니다.

심지어 어떤 사람은 10년 전에 둔 바둑이나
유명한 기사들의 명승부도 외워서 복기를 하곤 합니다.
언젠가 이 점을 신기하게 여긴 기자가
프로기사에게 복기가 가능한 이유를 물었는데
그중 한 명이 이런 대답을 했습니다.

"대국을 할 때 한 수 한 수 모두
 의미를 가지고 둔 돌들이기 때문에 가능합니다.
 첫수만 기억하면 나머지 수는 저절로
 따라오게 되어 있습니다."

수많은 선택이 계속되는 인생의 중요한 순간은
기억하는 것이 아니라 기억되는 것입니다.
각 선택의 의미를 현명하게 파악하며 살아간다면,
훗날 인생을 복기할 때 아름답게 생을
돌아볼 수 있을 것입니다.

오늘의 명언

인생은 흘러가는 것이 아니라 채워지는 것이다.
우리는 하루하루를 보내는 것이 아니라
내가 가진 무엇으로 채워가는 것이다.
_ 존 러스킨

" 어리석은 자는 멀리서 행복을 찾고,
현명한 자는 자신의 발치에서 행복을 키워간다."
_ 제임스 오펜하임

Part 5

유니콘(unicorn)기업 투자 후 Exit 방법

기업의 엔젤로써 초기기업에 투자하여 함께 성장한 후에 투자의 보람을 찾을 수 있는 시기가 투자금과 수익의 회수하는 시점일 것이다. 투자 전 과정에 걸쳐, 투자자에게 가장 민감한 문제이며 투자 자금의 회수가 얼마의 수익률을 실현시킬 것인지가 투자자의 궁극적인 목적이라고 할 수 있다. 엔젤투자도 일반적인 투자와 마찬가지로 여러 가지 방법으로 투자 수익을 회수할 수 있는데 그 중 다섯 가지의 Exit 방법을 알아보자.

1) 기업공개를 통한 투자자금 회수 : IPO 절차(코스닥 상장 시 장점)

엔젤투자자가 투자하는 기업은 창업초기 단계의 기업들로 향후 기업공개를 하는 기업도 있을 것이고 그렇지 않은 기업도 있을 것이다. 이는 경영진의 기업공개에 대한 의지에 따라 달라지는 것이 보통이며, 기업공개에 따른 장단점이 존재하는 것이 현실이다. 보통 엔젤 투자자가 자금을 투자할 때에는 Term Sheet 또는 투자자와의 투자계약서에 투자금액을 회수할 수 있는 방안을 미리 마련해 놓고 그 중 가장 확실한 방법 중에 하나가 투자기업을 유가증권시장 내지 코스닥시장에 상장하는 방법이다.

투자기업이 예비심사를 통과한 후 코스닥 시장이나 거래소 시장에 상장이 되면 투자자가 보유하고 있던 지분은 자유롭게 거래될 수 있으며, 이를 통해 자본 이득을 누릴 수도 있다. 보통 기업 공개 전에 이루어지는 주식 공모의 경우, 많게는 액면가의 몇 배수 내지 몇십 배수정도의 가격으로 공모가가 형성된다.

물론 향후 기업의 사업성이나 실적, 다른 주식 투자자의 심리등 여러 변수에 따라 주식가격은 변동 할 것이고 그에 따라 엔젤 투자자의 투자수익률도 변동하게 된다. 하지만 투자 대상회사가 IPO(기업공개)를 하게 되는 경우 투자자금을 회수하는 것이 훨씬 용이해지며 수익률에 대한 즉각적인 환수가 가능하다는 장점이 있다. 기업공개를 통해서 유가증권시장 및 코스닥시장에 상장이 된다면 장외시장에서 차익을 남긴 것에 따른 양도세를 내야하는 부담도 소멸하게 된다. 투자 후 최고로 해피한 경험을 하게 죄는 것이다. 그러다면 유가증권시장 및 코스닥 시장의 상장요건에 대해서 알아보자.

가. 유가증권시장이 상장요건

구 분		요 건
규모요건	자기자본	상장신청일 현재 자기자본이 100억원 이상이고, 상장예정주식총수가 100만주 이상
	매출액	최근연도 300억 이상이고 최근 3년도 평균 200억원 이상
분산요건	소액주주의 소유주식수 등	다음중에서 하나를 충족할 것 ■ 소액주주 지분율이 30%이상 ■ 공모비율이 30% 이상 ■ 상장예비심사청구후 10%이상 공모한 주식수가 다음과 같을 것 – 자기자본 500억원~1,000억원 : 1백만주 이상 – 자기자본 1,000억원~2,500억원 : 2백만주 이상 – 자기자본 2,500억원 이상인 경우 : 5백만주 이상 ■ 국내외 동시 공모주식수가 10%이상으로 국내공모주식수가 100만주 이상(액면가 5,000원기준)

	외부공모	상장 예비심사청구 후 10%이상 공모할 것 다만, 코스닥상장법인으로서 상장 당시 공모하였거나 상장된 후 1년이 경과한 법인은 제외
	소액주주의 수	의결권이 있는 주식을 보유한 자가 1,000명 이상
재무요건	이익등 (영업이익·경상이익·당기순이익중 적은 금액을 기준으로 산출)	최근연도 영업이익·경상이익·당기순이익을 시현하였을 것 다음 중에서 하나를 충족할 것 ■ 자기자본이익율이 최근연도 5%이상이고 최근 3년도 합계 10%이상 ■ 이익액이 최근연도 25억원 이상이고 최근 3년도 합계 50억원 이상 ■ 자기자본 1,000억원 이상일 때 최근연도 자기자본이익율이 3%이상이거나 이익액이 50억원 이상이고 영업활동 현금흐름이 양(+)의 흐름 일 것.
	유보율	자본금의 50%(대형기업은 25%이상) * 유보율 = (자기자본−자본금)/자본금 × 100
안정성·건전성요건	설립경과년수	설립 후 3년이상 경과하고 계속 영업, 다만, 합병, 분할, 분할합병 또는 영업양수가 있는 경우에는 실질적 영업활동기간을 고려
	유상증자한도	1년간 유상증자총액이 2년전 사업년도말 자본금의 50%이하, 한도초과하는 경우 초과분을 배정받은 주주에 대해서는 상장일로부터 6월간(당해주주등이 최대주주등인 경우에는 1년간)소유주식등의 계속보유확약서 및 보호예수증명서를 제출할 것
	무상증자한도	의결권이 있는 주식을 보유한 자가 1,000명 이상 1년간 재평가적립금 또는 이익잉여금의 전입총액이 2년전 사업년도말 자본금의 각각 50%이하, 한도초과하는 경우 초과분을 배정받은 주주에 대해서는 상장일로부터 6월간(당해주주등의 최대주주등인 경우에는 1년간)소유주식등의 계속보유확약서 및 보호예수증명서를 제출할 것

	감사의견	최근연도에는 적정, 직전 2년도에는 적정 또는 한정(감사범위제한으로 인한 한정의견은 제외)일 것
	최대주주등의 지분변동 제한	상장예비심사청구일로부터 1년 전의 날 현재 최대주주가 상장예비심사청구일전 1년 이내에 변동이 없을 것
기타요건	경영의 계속성	■ 영업의 안정성 　경영의 독립성, 주된 영업의 계속성, 안정적 영업기반 ■ 경영기반 및 수익구조 　주된 영업의 성장전망, 최근 이익수준, 재무적 안정성 ■ 경영의 안정성 　최대주주등의 지분율에 따른 경영의 안정성
	경영의 투명성	■ 경영진의 구성 　최대주주 특수관계인의 회사임원으로서 충실의무, 감사의 독립성 ■ 기업지배구조 　경영관련 규정 정비, 내부통제제도 확립, 기업 집단등으로부터 독립성
	기업공시 및 주주 이익보호	■ 회계처리능의 투명성 ■ 최대주주등과의 거래관계의 독립성 ■ 공시체제의 확립

나. 유가증권 시장의 상장절차

세부 절차		내 용
선행절차	지정감사인 감사	증선위(증권선물위원회)가 지정한 회계감사인에 의하여 직전사업년도에 대한 감사
	기업등록	금감위(금융감독위원회)에 등록
사전준비	대표주관회사계약 체결	예비상장심사청구일 3월전에 대표주관회사 선임 및 계약체결
	정관정비	상장회사 협의회에서 정한 표준정관
	명의개서대행계약 체결	증권예탁결제원, 국민은행, 하나은행중에서 선택 및 계약체결
	우리사주조합 결성	
	유가증권시장본부 예비접촉	상장요건 및 일정 등에 관하여 협의
상장예비	상장심사청구	상장예비심사청구서 제출
	상장심사	계약적, 비계약적 요건 심사
	유가증권시장상장위원회 심의	상장 적격성 심의
	상장심사결과 통보	상장신청인과 금감위에 통보
공모	유가증권신고서 제출	금감위에 제출(수리 후 15일 경과되면 효력발생)
	수요예측 및 발행가격 결정	수요예측 후 인수회사와 협의하여 발행가격 결정
	청약·배정 및 납입	납입 후 등기
	유가증권발행실적 보고	금감위에 보고
상장	상장신청	납입일까지 상장신청서 제출
	상장 및 매매거래 개시	

(2) 코스닥증권시장 상장요건

가. 일반요건

상장 요건	일반기업	벤처기업	기술성장기업(*)
설립년도	3년이상	–	–
자기자본	30억원 이상	15억원 이상	10억원 이상
자본잠식	없을 것	없을 것	10%미만
경영성과	경상이익 시현	경상이익 시현	미적용
지분 분산	다음 요건 중 택일 1) 소액주주 500명 이상, 지분25%이상 & 청구후 모집5%(25%미만시 10%) 2) 자기자본 500억 이상, 소액주주 500명 이상, 청구후 모집지분 10%이상 & 규모별 일정주식수 이상 3) 공모25% 이상 & 소액주주 500명		

(*) 기술성장업종으로서 기술평가 결과가 A등급 이상인 벤처기업

각 시장별 특징 및 진입요건

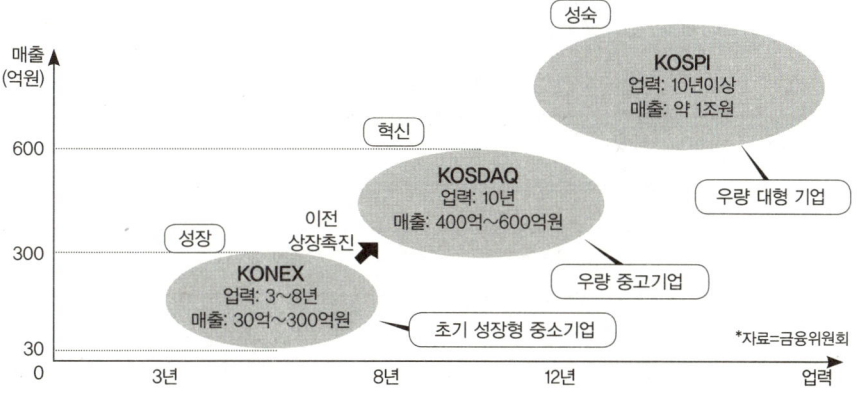

코스닥시장 상장요건

요건		코스닥시장 상장요건 (2014.6.18 개정규정 기준)		
		일반기업	벤처기업	기술성장기업
설립후 경과년수		3년이상	미적용	미적용
규모 (①or②)	①자기자본*	30억원이상*	15억원이상*	10억원이상*
	②기준시가총액	90억원이상		
지분의 분산		⊗ 다음 요건 중 택일 1) 소액주주 500명 이상, 지분25%이상 & 청구후 모집5%(25%미만시 10%) 2) 자기자본 500억 이상, 소액주주 500명 이상, 청구후 모집지분 10%이상 & 규모별 일정주식수 이상 3) 공모25% 이상 & 소액주주 500명		
자본상태*		자본잠식* 없을것 (※ 대형법인 미적용)		자본잠식률 10%미만
감사의견		최근 사업연도 적정일 것 (연결재무제표 작성대상법인의 경우 연결재무제표에 대한 감사의견 포함)		
경영성과		계속사업이익 시현 (※ 대형법인 미적용) (연결재무제표 작성대상법인의 경우 연결재무제표 기준)		미적용
이익규모*, 매출액**&시가총액		다음 요건 중 택일 1) ROE* 10% 2) 당기순이익* 20억 3) 매출액** 100억원 & 시가총액 300억 4) 매출액증가율 20% (&매출액 50억)	다음 요건 중 택일 1) ROE* 5% 2) 당기순이익* 10억 3) 매출액** 50억원 & 시가총액 300억 4) 매출액증가율 20% (&매출액 50억)	미적용
최대주주 등 지분의 매각제한		6월		1년
기타 외형요건		주식양도 제한이 없을 것		

* 연결재무제표 작성대상법인의 경우에는 연결재무제표상 자기자본(자본금)을 기준으로 하되 비지배지분은 제외
** 재화의 판매 및 용역의 제공에 한함 (단, 지주회사는 연결재무제표 기준)
주1) ROE(자기자본이익률) = 당기순이익 / 자기자본 × 100
주2) 기술성장기업: 전문기관 기술평가(복수) 결과 A등급 이상인 기업(녹색인증기업은 단수)
주3) 대형법인 : 자기자본 1,000억원 또는 기준시가총액 2,000억원 이상 기업(상장예비심사청구일 현재)

	신규상장(일반)	신규상장(벤처기업)	신규상장(기술성장기업)	우회상장	SPAC 합병상장
경과연수	설립후 3년	제한 없음	제한 없음	제한 없음	신규상장(일반, 벤처, 기술성장) 요건과 동일
기업규모	가. 자기자본 30억원 이상 나. 기준시가총액 90억원 이상 가,나. 중 택일	가. 자기자본 15억 이상 나. 기준시가총액 90억원 이상 가,나. 중 택일	가. 자기자본 10억 이상 나. 기준시가총액 90억원 이상 가,나. 중 택일	자기자본 30억원 이상(벤처 15억)	일반 : 자기자본 30억원 이상 벤처 : 자기자본 15억 이상 기술성장 : 자기자본이 10억원 이상이거나 기준시가총액이 90억원 이상
자본상태	직전사업연도말 자본잠식이 없을 것	신규상장(일반)과 동일	자본잠식률이 100분의 10 미만일 것	신규상장(일반)과 동일	일반, 벤처 : 신규상장(일반)과 동일 기술성장 : 제한없음
경영성과	최근사업연도의 법인세비용 차감전 계속사업이익이 있을 것	신규상장(일반)과 동일	제한 없음	신규상장(일반)과 동일	신규상장(일반)과 동일
이익규모, 매출액 및 기준시가총액	가. 최근사업연도 말 자기자본이익률 100의 10 이상 나. 최근사업연도 당기순이익 20억원 이상 다. 최근사업연도 매출액 100원 이상 &기준시가총액 300억원 이상 라. 최근 사업연도의 매출액이 50원 이상이면서 직전 사업연도 대비 100분의 20 이상 증가 가,나,다. 라. 중 택일	가. 최근사업연도 말 자기자본이익률 100분의 5 이상 나. 최근사업연도 당기순이익 10억원 이상 다. 최근사업연도 매출액 50억원 이상 &기준시가총액 300억원 이상 라. 최근 사업연도의 매출액 50원 이상 & 직전 사업연도 대비 100분의 20 이상 증가 가,나,다, 라,중 택일	제한 없음	가. 최근사업연도 말 자기자본이익률 100의 10(벤처는 100분의 5) 나. 최근사업연도 당기순이익 20억원(벤처는 10억원) 가,나,중 택일	일반,벤처 : 우회상장과 동일 기술성장 : 제한없음
감사의견	최근사업연도 적정	신규상장(일반)과 동일	신규상장(일반)과 동일	신규상장(일반)과 동일	신규상장(일반)과 동일
양도제한	정관에 주식양도제한이 없을 것	신규상장(일반)과 동일	신규상장(일반)과 동일	신규상장(일반)과 동일	신규상장(일반)과 동일
액면가액	100원, 200원, 500원, 1,000원, 2,500원, 5,000원	신규상장(일반)과 동일	신규상장(일반)과 동일	신규상장(일반)과 동일	신규상장(일반)과 동일
상근감사	상법 제542조의 10 적용	신규상장(일반)과 동일	신규상장(일반)과 동일	신규상장(일반)과 동일	신규상장(일반)과 동일
사외이사	상법 제542조의 8 적용	신규상장(일반)과 동일	신규상장(일반)과 동일	신규상장(일반)과 동일	신규상장(일반)과 동일

나. 질적요건

① 상장요건을 심사함에 있어서 시장성, 수익성, 재무상태, 기술성, 경영성을 반영할 수 있음

② 수익성여건(ROE, 경상이익)을 충족한 기업은 시장성 중 매출의 지속여부, 재무상태, 경영성을 심사함

다. 절차

구 분	주 체	일정(예시)	비 고
외감법에 의한 외부감사 (지정감사인 지정)	발행사, 금감원, 회계법인		금융감독원 회계제도실
대표주관계약 체결	발행사, 증권사	D-3월	증권업협회 규제기획팀에 제출
정관정비/사전준비	발행사, 증권사	D-3월	표준정관으로 개정
기업실사 및 발행가액 분석자료 준비	발행사, 증권사	D-2월	
명의개서대행기관 선정	발행사	D-2월	국민은행, 하나은행, 증권예탁원
주권가쇄계약	발행사 가쇄소	D-2월	
기업등록	금감위, 발행사	D-1월	금감위에 등록
예비심사청구서 제출	발행사, 증권사	D-Day	
예비심사청구서 검토	코스닥시장본부		
청구기업 심의	코스닥시장상장위원회	D+60일	상장위원회 상정
예비심사 승인	코스닥시장본부	D+63일	

유가증권신고서 제출	발행사, 감독원	D+65일	
발행가액 결정	발행사, 증권사	D+75일	
유가증권신고서 효력발생	-	D+82일	수리 후 15일
청약	증권사	D+82일 ~84일	
배정	증권사	D+91일	
신규상장신청	발행사, 증권사	D+92일	
증자등기	발행사	D+93일	
코스닥상장 승인	코스닥시장본부	D+94일	
매매개시	코스닥시장본부	D+96일	

⊙ 코스닥 상장시 장점

1. 자금 조달 능력 증대

  1) 신규 상장 시 공모를 통한 대규모 자금 조달이 용이하다.

  2) 상장 후 공모 증자가 용이하다.

   - 주식이 분산되어 있으므로 유상 증자 시 다수의 투자자로부터 자금을 조달할 수 있으며, 현재주가를 참작하여 예비 발행가 결정이 용이함.

  3) 일반 공모 증자 가능하다

   - 일반 공모 증자(주주의 신주인수권을 배제하고 불특정 다수인 대상 신주 모집) 가능.

  4) 의결권 없는 주식의 발행한도 확대

- 상법상 의결권 없는 주식은 발행주식 총수의 1/4까지 발행할 수 있으나, 코스닥 상장법인이 외국에서 발행하는 의결권 없는 주식 및 외국에서 발행한 전환사채 등의 권리행사로 인하여 발생하는 의결권 없는 주식은 한도 계산 시 제외.

5) 사채 발행 한도 확대
   - 전환사채 또는 신주인수권부사채 중 주식으로의 전환 또는 신주인수권의 행사가 가능. 한번 발행에 해당하는 금액은 상법상 사채발행 한도 (순자산의 4배)의 제한을 받지 않음.

6) 신종사채 발행 가능
   - 이익참가부사채와 교환사채를 발행할 수 있음.
     ○ 이익참가부사채 : 사채의 이율에 따른 이자를 받는 외에 이익배당에도 참가할 수 있는 사채
     ○ 교환 사채 : 상장유가증권 또는 코스닥상장주식과의 교환을 청구할 수 있는 권리가 부여된 사채.

2. 세제상 혜택
 1) 양도소득세 비과세
   - 단, 발행주식 총수의 5%이상 또는 시가총액 50억원 이상 소유한 주주 (특수 관계자 포함)가 양도하는 경우 양도소득세 과세.
 2) 배당소득세 비과세 및 분리과세

- 종목별로 액면가 기준 5천만원까지 비과세, 5천만원 ~ 3억원까지 분리과세 (5%), 단, 1년이상 보유한 경우

3) 상속 및 증여 재산 평가 시 코스닥시장 시세 인정
   - 코스닥 상장 주식의 상속 또는 증여 시 동 주식 평가액은 과거 3월간 주가의 평균액으로 함.

4) 스톡옵션 행사이익 비과세
   - 종업원이 부여 받은 스톡옵션을 행사 해 얻는 이익은 근로소득으로 보지 않음.

3. 기업 홍보효과 및 공신력 제고

  1) 홍보 효과
    - 경영실적, 주가 등의 기업정보가 TV, 신문 등의 매체를 통하여 국내외 투자자에게 제공.

  2) 공신력 제고
    - 대외적인 신인도 및 기업의 대외 진출, 합작투자 시 신용도 제고에 유리.

4. 기타

  1) 자기 주식 취득방법 확대
    - 상법에서 정한 방법 외에 코스닥시장을 통하거나 공개매수의 방법으로 자기주식을 취득 할 수 있음 : 경영권 방어 주가관리 등 용이

  2) 주식 배당 한도 확대

- 이익 배당 시 이익배당총액까지 주식으로 배당 할 수 있음.
3) 주식 이동상황 명세서 제출 의무 면제
   - 소액주주가 소유한 주식(상장 전에 주식을 취득한 경우에는 당해 주식의 액면금액의 합계액이 5백만원 이하인 주주의 주식과 중소기업의 주식으로서 코스닥시장을 통하여 양도되는 주식에 한 함.)의 이동에 대하여는 주식이동상황 명세서 제출 의무 면제가 된다.
4) 경영합리화 도모
   - 기업의 재무내용 공시를 통해 동업종 타사와의 비교가 용이하고, 주가를 통해 경영실적이 객관적으로 평가받게 되어 경영합리화를 도모하게 된다.
5) 종업원의 사기진작 및 경영권 안정
   - 주식을 모집/매출하는 경우 당해법인의 우리사주조합에 20% 범위 안에서 우선 배정함으로써 종업원의 사기진작과 주인의식을 제고시키며, 생산성 향상을 기대 할 수 있다.
   - 우호적인 주주집단이 형성되어 경영권의 안정 효과 제고 가능하다.

⊙ 코스닥시장 상장 준비 방법

1. 기업공개 및 상장시기 결정

   1) 상장전 고려 사항
      - 기업공개 및 상장의 목적.
      - 자본조달 규모 및 상장의 목적.
      - 동종업계의 증시 동향과 향후 전망.
      - 기업공개 및 상장으로 얻는 소득

   2) 거래소의 상장예비심사결과 상장 적격통보를 받은 경우, 6개월 이내에 상장을 신청 할 수 있으므로, 자금조달 계획 및 증권시장의 동향을 충분히 고려하여 상장 시기 조절.

2. 상장준비 추진팀 구성

   1) 경영관리조직 및 내부규정 정비와 상장예비심사청구서 등 관련서류작성 및제출 등의 많은 준비가 필요.

   2) 상장추진업무 전담팀의 주요 업무
      - 기업공개 및 상장일정의 관리
      - 정관 등 내부규정 및 경영관리 조직의 정비
      - 내부통제시스템 및 회계관리시스템 정비

- 상장추진과 관련된 서류 준비

- 대표주관회사의 Due Dilligence 지원

- 발행가격(공모가격) 협의

3. 최대주주 등 지분변동 사전 점검

   1) 상장신청인들이 상장이전에 부를 편법으로 이전시키거나 주식가치를 희석시키는 것을 방지하기 위하여 상장심사청구일 이전 1년 기간 동안 해당 기업의 최대주주의 변동이 없도록 규정

   2) 합병, 분할, 분할합병 및 영업양수도의 제한

      - 해당 사업연도의 결산재무제표를 확정한 후에 상장 신청 가능

      - 합병등기일로부터 사업연도말까지의 기간이 3개월미만인 경우에는 다음 사업연도의 결산 재무제표를 확정한 후에 상장 신청 가능

   3) 부도 발생 및 소송의 계류

      - 회사에 부도발생사실이 있었다면, 상장예비심사청구일로부터 6개월 이전에 그 사유가 해소 되어야 함.

      - 상장예비심사청구일 현재 중대한 영향을 미칠 수 있는 소송 등의 분쟁 사건이 없어야 함.

4. 회계감사인 선정

   1) 상장하고자 하는 사업연도의 전년도에 증권선물위원회에 회계감사인

지정을 신청하여 지정 받은 감사인으로부터 회계감사를 받아야 함.
2) 금감원은 회계감사인 사전 지정과는 별도로 기업공개를 추진하는 기업의 회계투명성을 강화하기 위하여 상장예정기업 중 일부기업을 선정하여 한국공인회계사회가 감리를 실시하도록 하는 우선 감리제도를 도입.

5. 대표 주관 회사 선정
1) 상장신청인은 발행주식을 인수하고, 상장에 관련된 제반업무를 원활하게 진행할 수 있도록 도움을 주는 대표주관회사를 상장예비심사청구일 3개월 전에 선정하여 대표주관 계약을 체결하여야 함.
 - 해당 대표주관회사는 계약체결일로부터 5영업일 이내에 이를 증권업협회에 신고하여야 함.
2) 체계적인 상장 준비를 위해 약 2년 정도의 사전 준비기간 필요.

6. 정관 정비
1) 한국상장사협의회가 제정한 상장사 표준정관을 참고하여 적절하게 정관 내용을 정비.
2) 표준 정관 내용
 - 수권 주식 수
 - 회사가 발행할 주식의 종류 및 우선주의 경우 이익배당율
 - 1주당 권면액

- 신주인수권의 배제 및 제약에 관한 사항
- 주주총회의 소집공고에 관한 사항
- 명의개서 대행제도에 관한 조항
- 신주의 배당기산일에 관한 조항

7. 유가증권 발행인 등록

 1) 코스닥 상장을 위해 모집 또는 매출을 계획하고 "비상장법인으로서 유가증권을 모집,매출하고자 하는 법인 등"의 해당 규정에 따라 금융감독위원회에 등록
  - 금융감독위원회에 등록한다는 것은 유가증권의 모집 또는 매출 등을 위한기본적인 공시의무를 이행한 기업이 된다는 것을 의미하며, 등록법인신청서에 정관, 등기부등본, 주주명부 및 최근연도의 결산서류 등을 첨부하여 금융감독위원회에 제출.
 2) 금융감독위원회에서 등록신청서의 처리시간이 최소 7일이 소요되므로 유가증권의 모집, 매출행위를 개시하기 전까지 등록 완료해야 함.

8. 명의 개서 대행 계약 체결

 1) 상장신청에 앞서, 정관의 근거조항이 있는 경우 이사회의 결의를 거쳐 주식사무를 전문적으로 대행하는 명의개서 대행회사를 선정하고 계약을 체결하여야 함.

2) 유가증권신고서 제출 시 동사항을 기재하여야 하므로 유가증권신고서 제출전까지 동 계약을 명의개서 대행기관과 체결해야 함.

9. 우리사주조합 결성
 1) 우리사주제도
  - 근로자의 경제적, 사회적 지위 향상과 노사협력 증진을 도모하기 위하여 근로자로 하여금 자사주를 취득, 보유하게 하는 제도.

10. 이사회 또는 주총 결의
 1) 코스닥 상장을 위하여 신주를 발행하는 경우, 정관에 규정이 없다면 이사회에서, 정관에 주주총회에서 결정하기로 한 경우에는 주주총회에 다음 사항을 결의해야 함.
  - 신주의 종류와 수
  - 신주의 발행가액과 납입예정기일
  - 신주의 인수방법
  - 우리사주조합에 대한 우선배정에 관한 사항

11. 최대주주등 소유주식등 보호예수
 1) 상장 후 최대주주 등의 보유주식 매각에 따른 일반투자자의 피해를 방지하이기 위해 최대주주 등이 소유하고 있는 주식 등에 대해서 상장예

비심사청구일 전일부터 상장 후 1년간 증권 예탁결재원에 보호예수하도록 함.

2) 상장예비심사청구법인은 최대주주등의 소유주식등을 증권예탁결재원에 보관 하여 거래소가 필요하다고 인정하는 경우 외에는 그 소유주식을 인출하거나 양도하지 않겠다는 "소유주식등의 계속보유확약서"와 증권예탁결제원이 발행 하는 최대주주 등의 소유주식 등 보호예수증명서를 제출한다.

⊙ 공모가격 결정과정

제1단계 : 기업실사
 - 과거 손익/실적에 대한 질적 분석 및 향후 손익 전망 추정.

제2단계 : 주당평가가액 산정
 - 실사결과를 바탕으로 Valueation을 통하여 주당 평가가액 산정.
 - 1차평가 : 심사 청구시
 - 2차평가 : 유가증권신고서 제출시

제3단계 : 수요예측실시
 - 주당평가가액 대비 공모 희망가 제시 후 기관 투자가를 대상으로 수요 예측 실시

제4단계 : 최종 공모가액 결정
 - 수요예측 결과를 고려하여 발행사와 대표주관 회사가 협의하여 공모가

액 확정

◉ **유가증권 분석 및 비교가치 산정방법**

1. 분석방법
   - 유가증권시장 및 코스닥시장에 상장되어 있는 유사회사와의 비교가치를 사용 하여 주식을 분석함.

2. 유사회사 선정기준
   1) 발행회사와 업종이 유사한 상장회사로서 자본금 및 매출액 규모, 주요 재무비율, 주당수익률, 제품구성비 등이 가장유사한 회사로 선정 함.
   2) 만약, 유사회사가 없을 시 시장전체 또는 업종전체 지표를 수정 사용.

3. 비교가치 산정방식
   1) 비교가치는 다음 방법 중 발행회사에 적합하다고 판단되는 단일 또는 다수의 방식을 선택하여 산정함.
   - 주요방식 : 이익기준 비교가치(PER)
   - 보조방식 : 기업가치 대비 현금흐름 기준 비교가치(EV/EBITDA)
   순자산 기준 비교가치(PBR)
   매출액 기준 비교가치(PSR)
   2) 최종 비교가치는 발행회사와의 협의를 통하여 회사 및 업종의 특성을 감안하여 시장에서의 가장 높은 설득력을 지닌 방안으로 선정 함.

◉ 공모희망가 산정 지표

PER (주가수익비율)	1. 가장 널리 사용되는 지표로서 가격과 순익을 연결하는 대표적인 수치임. 2. 업종 전체가 과대, 과소 평가 되어있는 경우 오류가 발생할 수 있음. 3. 주당순이익이 0보다 작으면 사용 할 수 없음.
EV/EBITDA	1. 기업이 자기자본과 타인자본을 이용해서 어느정도의 현금흐름을 창출할 수 있는가를 나타내는 지표. 2. 비율이 낮을수록 영업활동으로부터 창출해 내는 현금흐름에 비해 가치 저평가
PBR (주가순자산비율)	1. 장부가치는 상대적으로 안정된 수치로서 시장가치와 비교가능한 수치 임. 2. 기업간의 회계 인식방법이 상이한 경우 비교하기가 어려움. 3. 주당순이익이 0보다 작은 경우 PER대신 사용.
PSR (주가매출비율)	1. 경기변화에 따른 기업의 성장성을 적절히 반영할 수 있는 수치임. 2. 성장에 따른 이익률을 비교하기 어려움.
DCF (현금흐름할인모형)	1. 이론적으로 가장 우수한 평가 방법. 2. 정확한 현금흐름의 추정과 가중평균자본비용의 산정시 실무적으로 객관성을 확보하기 쉽지 않아 거의 사용하지 않음.

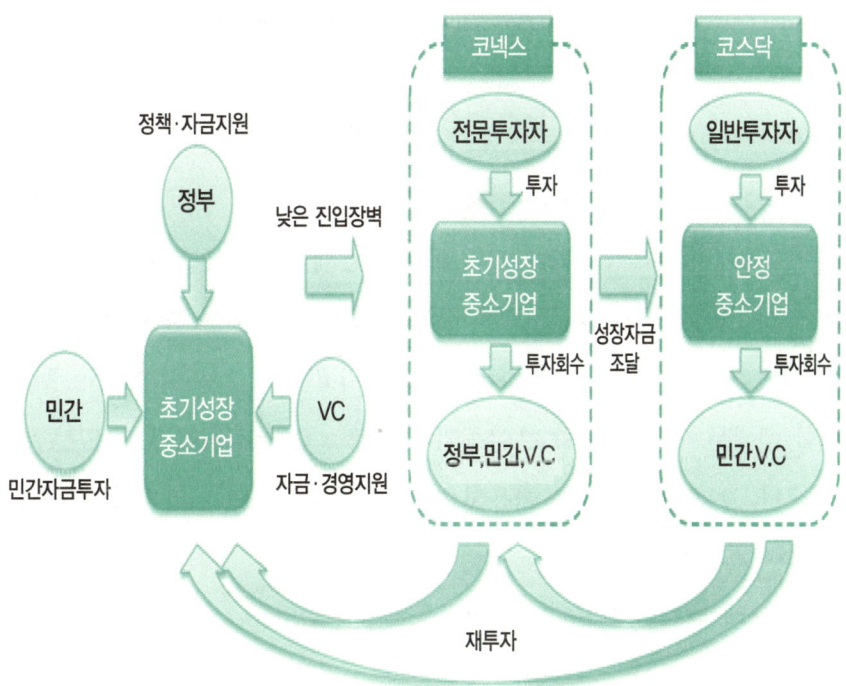

Part 5. 유니콘(unicorn)기업 투자 후 Exit 방법 · 179

2) 장외시장을 통한 투자자금 회수

　장외시장은 아직 코스닥시장이나 거래소 시장에 상장되지 않은 주식을 거래하는 시장으로 투자 대상기업의 주식이 상장되지 아니하였을 경우에 투자자금을 회수할 수 있는 한 가지 방법이다. 장외주식시장은 거래방법에 따라 '직접거래시장(no broker market)'과 '점두시장(over the counter Market)'으로 구분된다. 직접거래시장은 말 그대로 투자자 상호간의 개별적 접촉과 협상에 의해 주식거래가 이루어지는 시장이며, 점두시장은 브로커가 개입하는 시장이다. 즉 중개기관의 창구에서 주식거래가 이루어지는 시장을 의미한다.

　특정시점에서 특정종목의 가격이 하나만 존재하는 거래소 및 코스닥 시장과는 달리, 장외시장은 동일 종목이 동일 시간에 거래되는 경우라도 둘 이상의 복수가격이 형성될 수 있다는 특징을 가지고 있다. 장외시장에서 주식을 거래할 때에는 사고증권, 즉 분실증권이나 위조 증권이 거래될 수 있는 위험이 있으나, 보통 증권계좌를 이용하여 거래를 하게 되면 이러한 위험을 방지할 수 있다.

　한편, 국내에서는 프리코스닥 기업이 상장되어 있는 시장인 '프리보드(Free Board)'가 개설되어 있다.

　프리보드는 유가증권시장이나 코스닥시장에 상장할 조건을 갖추지 못했거나, 이들 시장에서 탈락한 기업들의 주식을 거래하며, 주로 성장단계에 있는 벤처기업들이 자금조달의 창구로서의 역할을 하며, 이들 주식의 유동성을 증진

시켜 준다. 프리보드 역시 장외시장의 일종이나 장외시장과 프리보드는 거래 기업의 성격, 거래시스템, 세제등의 측면에서 차이가 있다. 프리보드는 현재 80개 지정기업으로 운영되고 있으며, 장외시장에서 10~30%를 부과하던 양도소득세를 벤처기업 소액주주들에 한해 면제하는 등의 투자자에게 혜택을 부여하고 있다.

국내에서는 생소한 개념이지만, 영국을 비롯한 금융 선진국에서는 엔젤 마켓이 생성되어 운영되고 있다. 예를 들어, 영국에서는 신생 비공개 기업을 위한 "OFEX"라는 장외 시장이 운영되고 있는데, 영국 내 엔젤투자자가 이 시장에서 주도적인 역할을 담당하고 있다. "OFEX" 시장은 초기 성장단계의 기업들에게 자금조달기능 및 주식거래 기능을 담당하고 있다. 비공개 기업 주식에 대해 가장 효율적이고 저렴하게 거래될 수 있는 시장이므로 벤처캐피탈과 엔젤투자자가 초기 투자자금을 회수할 수 있는 수단일 뿐 아니라, 기업주식의 공정가격이 형성됨에 따라 주식가치의 논쟁을 불러일으킬 수 있는 인수합병 및 종업원 지주제등과 관련한 가이드라인으로서의 역할도 하고 있다. 엔젤투자의 촉진을 위하여 국내에서도 엔젤마켓의 조성이 활발히 논의되고 있다. 엔젤투자는 개개인별로 투자하는 것보다 엔젤클럽을 통하여 투자하는 것이 여러모로 혜택이 있다.

3) M&A를 통한 투자자금 회수

　엔젤투자자가 투자자금을 회수할 수 있는 또 한가지 방법은 M&A를 통한 방법이 있다. 투자대상기업은 경우에 따라서 M&A시장에서 인수대상 회사로 인식이 될 수 있다. 보통 엔젤투자의 대상이 되는 회사는 규모가 작으므로 M&A가 이루어진 후에는 경영권이 바뀌는 것(매수한 회사의 주식)이 보통이다. 투자자의 입장에서는 M&A된 후에 합병 혹은 인수 실체의 주식을 보유하게 되지만, 빠른 투자자금의 회수를 원한다면, 합병기일 이전에 지분 매각을 통하여 Exit 하는 것이 가장 안전한 방법이다.

　M&A를 통한 Exit하는 방법으로는 두가지 형태가 있을 수 있는데, Tag along 과 Drag along이 그것이다. 먼저, Tag along 이란 M&A로 인해 대주주의 지분 매각시, 투자자가 투자자 소유의 지분 역시 함께 매각시키도록 하는 방법이다. 반면, Drag along 이란 투자자가 투자자 소유지분을 매각하면서 대주주 지분까지 참여시켜 경영권을 양도하는 방식이다. Tag along과 Drag along 모두 투자자가 M&A를 통해 자금을 회수하는 방법이 될 수 있으나, 거래방식에 있어서 Drag along이 더 적극적인 매각방법이라고 할 수 있다.

4) 회사로부터의 직접적인 투자자금 회수

　회사로부터 자금을 회수하는 방법으로는 상환청구, 자사주 매입, 구주 매출

등의 방법이 있다. 각각의 방법은 매입자금이 또 다른 투자자가 아닌 회사로부터 유입된다는 공통점을 지니고 있다. 각각의 방법에 대한 내용은 아래와 같다.

1) **상환청구**(Put Option) : 보통 엔젤 투자 계약서 작성 시 투자자와 투자대상 회사 사이에 상환청구에 대한 내용에 관하여 상호간에 미리 명시한다. 계약에 따라 구체적인 상환 조건에 대한 내용은 달라지겠지만, 보통은 특정 기간 내에 주주가 상환청구를 할 경우 회사는 이를 매입해야 한다는 조건으로 명시한다. 투자자 입장에서는 상환 청구권이 부여되면, 불확실성이 매우 높은 투자의 손실 한도를 어느 정도 확정시킬 수 있다는 의미를 갖는다. 미래적 손실의 확정으로 리스크 범위를 자신이 감내 할 수 있는 범위내로 안착시킬 수 있다.

2) **자사주 매입** : 투자대상회사는 여러 가지 목적으로 자기주식을 보유할 수 있다. 보통 주식이 상장된 회사의 경우에는 주가 안정을 목표로 자사주를 보유하는 경우가 많으나, 엔젤 투자의 대상이 되는 회사는 상장되기 이전 단계에 있기 때문에 투자 기업이 자사주를 매입하는 것은 주가 안정과는 관계가 없다고 할 수 있다. 이보다는 기존 주주에 대해 투자 수익을 배분하는 의미가 강하다고 할 수 있다. 즉, 투자기업은 주주에 대한 배당의 의미로 자사주를 매입할 수 있다. 자사주 매입은 회사의 입장에서는 자기주식의 보유이며, 투자자 입장에서는 투자자금의 회수가 되는 것이다.

3) 외부 Funding 시 구주 매출 : 투자기업은 영업활동 과정에서 운전자본의 부족, 신규투자자금의 부족 등의 사유로 인해 추가적인 자금유치가 필요한 경우가 발생할 수 있다. 이 경우 증자를 통하여 새로운 투자를 유치하는 방법도 있을 것이지만, 구주매출을 통하여 자금을 조달하는 방법도 있다. 구주 매출이란 단어 그대로 보유주식을 매각하는 것으로 액면에 발행된 주식을 시가에 팔게 되므로 많은 자금을 조달할 수 있다는 장점이 있다. 보통 회사가 신규자금을 유치할 때, 투자자가 원하는 지분율을 맞춰주기 위하여 구주에 대해서도 매각을 할 수 있다. 이 경우 회사 보유분의 주식에 대해서는 자금 조달의 효과가 나타나지만 추가된 일부 구주에 대해서는 Exit을 하는 효과가 나타난다. 이렇듯 외부 Funding 시 구주매출을 한다면, 투자자 입장에서는 최초 투자가격과 시가와의 차이만큼 차액이 발생하고 투자수익을 실현시킬 수 있다.

코스닥과 코스넥진입·폐지 주요 요건비교

구분	항목	코스닥 일반기업	코스닥 벤처기업	코넥스
진입요건	설립연수	3년이상	제한없음	제한없음
	자기자본	30억원	15억원	제한없음
	경영성과	경상이익 시현		제한없음
	최대주주변경	심사청구 전 1년간 최대주주 변경 제한		제한없음
	감사의견	최근 연도 적정		최근 연도 적정
	지정자문인	상장주선인 자문인 대행		필수
	질적심사	재무안정성, 수익성 등 종합 실질심사		지정자문인 상장적격성 평가(거래소 승인)
폐지요건	매출액	30억원 미만 2년 연속		제한없음
	대규모 경상손실	자기자본 50% 이상, 경상손실 3년 지속		제한없음
	자본잠식·자기자본	자본전액잠식, 자본잠식 50% 이상 또는 자기자본 10억원 미만 2반기 연속		제한없음
	감사의견	부정적, 의견거절, 범위제한한정		좌동
	공시서류 미제출 등	분기·반기 사업보고서 미제출, 정기주총 재무제표 미승인 또는 미개최		좌동
	상장폐지 실질심사	불성실 공시, 상장서류 허위기재, 주된영업정지, 횡령·배임, 분식회계 등		좌동(지정자문인 계약 유지되더라도 상장적격성 결여된 경우 상장폐지)

자료: 한국거래소

상처 없는 독수리

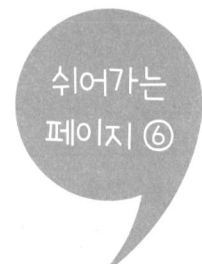
쉬어가는 페이지 ⑥

날개를 심하게 다친 독수리 한 마리가
벼랑 위에서 깊은 생각에 잠겼습니다.
그는 몇 번이나 하늘 높이 날아오르려고 했으나
다친 날개로는 도저히 하늘 높이
날 수가 없었습니다.

"독수리가 하늘 높이 날 수 없다는 것은
이제는 살아갈 가치가 없다는 거야."

그는 벼랑 아래로 뛰어내려 스스로 목숨을
끊으려고 몸을 잔뜩 웅크렸습니다.
순간, 그 모습을 본 대장 독수리가
재빠르게 날아와 물었습니다.

"형제여, 왜 어리석은 일을 하려고 하느냐?"

그는 힘없이 대답했습니다.

"우리는 평범한 새가 아닙니다.
가장 하늘 높이 나는 새들의 왕입니다.
그런데 이제 가장 낮게 나는 새가 되어버렸습니다.
이렇게 사느니 차라리 죽는 게 낫습니다."

대장 독수리는 그를 향해 날개를 활짝 폈습니다.
몸에는 여기저기 상처 자국이 있었습니다.
솔가지에 찢긴 자국, 다른 독수리에게 할퀸 자국 등
수많은 상흔으로 얼룩져 있었습니다.

"나를 봐라. 내 온몸도 이렇게 상처투성이다.
상처 없는 독수리가 어디 있겠니."

자살하려고 했던 독수리는 대장 독수리의
말에 고개를 푹 숙였습니다.
그러자 대장 독수리가 조용히 말을
이어나갔습니다.

"이것은 나의 몸에 새겨진 상처일 뿐이지만
나의 마음엔 더 수많은 상처 자국이 새겨져 있다.

그 상처 자국에도 불구하고 다시 일어났다.
상처 없는 독수리는 이 세상에 태어나자마자
죽어버린 독수리뿐이다."

오늘 따뜻한 하루 편지는 정호승 시인의 산문집
'내 인생에 힘이 되어준 한마디'에 나오는
글을 인용한 내용입니다.

자신의 인생을 돌아볼 수 있는 나이가 되면,
누구라도 여러 가지 이유로 만들어진
갖가지 형태의 상처가 남아있기 마련입니다.
때로는 너무 큰 상처에 좌절할 수도
있지만 이겨낼 수 있습니다.

오늘의 명언

당신의 상처를 지혜로 바꾸어라.
_ 오프라 윈프리

유용한 지분의 법적 행사권(소수주주권)

1. 개념

: 대주주와 그 이익을 대표하는 이사의 지나친 행동을 억제하고, 주주전체의 이익을 지키기 위하여 소액 주주에게 주어진 권리를 말한다.

2. 제도설립의 취지

: 주식회사는 소유와 경영의 분리를 이념으로 하기 때문에 주주는 주주총회를 통해 의결 혹은 주주제안권을 행사하는 것 외에는 원칙적으로 회사 경영에 관여하지 못한다. 그러나, 주주도 자신의 출자가 적법하고 정당하게 운용되고 있는지를 감시할 필요는 있으므로 상법은 주주에게 경영감독에 관한 많은 권리를 부여하고 있다.

3. 소수주주권의 종류

1) 발행주식 총수의 100분의 1 이상 주주에게 인정되는 권리

(1) 유지청구권(상법 제402조)

⇒ 이사가 법령 또는 정관에 위반한 행위를 하여 이로 인하여 회사에 회복할 수 없는 손해가 생길 염려가 있는 경우에 감사 또는 발행 주식 총수의 100 분의 1 이상 주주는 회사를 위하여 이사에 대해 그 행위를 유지(留止) 할 것을 청구할 수 있는 권리. (영미법의 금지명령제도와 유사함)

⇒ 이 청구권을 부당하게 행사할 때에는 형벌의 제재가 된다.

(2) 주주의 대표소송(상법 제403조)

⇒ 주주는 회사에 대하여 이사의 책임을 추궁할 소의 제기를 청구할 수 있는 권리.

⇒ 서면으로 그 이유를 기재하여야 하며, 회사가 청구를 받은 날로부터 30일이내에 그 이사에 대하여 소를 제기하지 아니하는 경우에는 주주는 즉시 회사를 위하여 소를 제기할 수 있다.

2) 발행주식 총수의 100분의 3 이상 주주에게 인정되는 권리

(1) 회사의 업무, 재산상태의 검사인 선임권(상법 제467조)

⇒ 회사의 업무집행에 관하여 부정행위 또는 법령이나 정관에 위반한 중대한 사실이 있음을 의심할 만한 사유가 있을 경우 행사한다.

(2) 회계장부열람권(상법 제466조)

⇒ 100분의 3이상 주식을 가진 주주는 이유를 붙인 서면으로 회사에 대하여 회계장부와 부속서류의 열람 또는 등사를 청구할 수 있다.

(3) 임시주주총회소집청구권(상법 제366조)

⇒ 회의의 목적사항과 소집의 이유를 기재한 서면을 이사회에 제출하여 임시주주총회를 소집할 수 있으며, 만약 이사회가 지체 없이 주총소집의 절차를 밟지 아니하면 주주는 법원의 허가를 얻어 주총을 소집할 수 있다.

(4) 이사해임청구권(상법 제385조)

⇒ 이사가 그 직무에 관하여 부정행위 또는 법령이나 정관에 위반한 중대한 사실이 있음에도 불구하고 주주총회에서 그 해임을 부결한 때에는 주총의 결의가 있는 날로부터 1개월 이내에 그 이사의 해임을 법원에 청구할 수 있

는 권한을 말한다.

3) 발행주식 총수의 100분의 10 이상 주주에게 인정되는 권리

(1) 회사의 해산판결청구권(상법 제520조)

⇒ 회사의 업무가 현저히 정돈상태를 계속하여 회복할 수 없는 손해가 생길 때 또는 생길 염려가 있을 때 혹은 회사재산의 관리 또는 현저한 처분의 실당으로 인하여 회사의 존립을 위태롭게 된 때에 회사의 해산을 법원에 청구할 수 있는 권리를 의미 한다.

(2) 회사정리절차 개시 신청권(채무자회생 및 파산에관한법률 제34조)

⇒ 사업을 계속 진행함에 있어 현저한 지장을 초래하지 아니하고는 변제기에 있는 채무를 변제할 수 없는 경우 또는 채무자에게 파산의 원인인 사실이 생길염려가 있는 경우 주주는 법원에 회생절차개시신청을 청구할 수 있는 권한을말한다.

4. 단독주주권

1) 회사설립무효의 소(상법 제328조 제1항)

: 1주 이상의 주식을 소유한 모든 주주는 회사 성립의 날로부터 2년 내에 회사설립무효의 소를 제기할 수 있다.

2) 단기매매차익반환청구의 소

(자본시장과 금융투자업에 관한 법률 제172조 제1항)

: 주권상장법인의 임원, 직원, 주요주주가 특정증권 등을 매수 또는 매도한

후 6개월 이내에 매도 또는 매수하여 이익을 얻는 경우에는 그 법인은 그 임원, 직원, 주요주주에게 그 이익을 그 법인에게 반환할 것을 청구할 수 있다.

3) 주주총회결의하자 관련 소송(상법 제376조 제1항)

: 1주 이상의 주식을 소유한 모든 주주는 주주총회결의취소의 소의 제소권자이고, 주주가 결의에 의하여 개별적으로 불이익을 입었을 경우에는 제소요건이 아니다.

주주총회결의무효 확인, 부존재확인의 소는 민사소송법상 확인의 이익이 있는 자는 누구든지 제기할 수 있다.

4) 이사회결의 무효 확인, 부존재확인의 소

: 1주 이상의 주식을 소유한 모든 주주는 단독으로 위 소송을 제기할 수 있다.

5) 신주발행 관련 소송

: 회사가 법령 또는 정관에 위반하거나 현저하게 불공정한 방법에 의하여 주식을 발행함으로써 주주가 불이익을 받을 염려가 있는 경우에는 그 주주는 회사에 대하여 그 발행을 유지할 것을 청구할 수 있다(상법 제424조).

신주발행의 무효사유가 있는 경우 주주는 신주를 발행한 날로부터 6월내에 신주발행무효의 소를 제기할 수 있다(상법 제429조).

6) 전환사채발행 관련 소송

: 1주이상의 주식을 소유한 모든 주주는 단독으로 전환사채발행유지, 전환사채발행무효확인, 전환사채발행부존재확인 등의 소를 제기할 수 있다(상법 제429조).

7) 자본감소무효의 소(상법 제445조)

: 1주이상의 주식을 소유한 모든 주주는 단독으로 자본감소로 인한 변경등기가 있는 날로부터 6개월 내에 자본감소무효의 소를 제기할 수 있다.

8) 합병무효의 소(상법 제529조 제1항)

: 1주이상의 주식을 소유한 모든 주주는 합병무효 사유가 있는 경우 합병무효의 소를 제기할 수 있다.

9) 분할, 분할합병 무효의 소(상법 제530조의 11 제1항, 제529조 제1항)

: 1주 이상의 주식을 소유한 모든 주주는 분할무효사유가 있는 경우 분할무효의 소를 제기할 수 있다.

10) 주식교환, 이전무효의 소(상법 제360조의 14 제1항)

: 1주 이상의 주식을 소유한 모든 주주는 주식교환, 이전무효사유가 있는 경우 주식교환, 이전무효의 소를 제기 할 수 있다.

11) 회사해산명령청구(상법 제176조 제1항)

: 법원은 회사해산명령사유가 있는 경우에는 이해관계인이나 검사의 청구에 의하여 또는 직권으로 회사의 해산을 명할 수 있다.

중요한 일의 순서

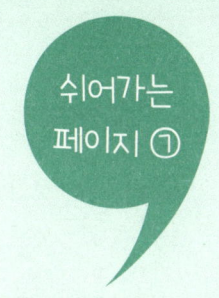
쉬어가는 페이지 ①

펩소던트 컴퍼니라는 기업에 찰스 럭맨이
사장으로 취임했는데 사람들은 그의 성공 신화를
부러워했고 그 성공 비결을 알고 싶어
무수한 질문을 했습니다.

"사장님의 뛰어난 머리가 성공 비결입니까?"
"아닙니다. 제 학력은 별 볼 일 없는 수준입니다."
"그러면 물려받은 재산 같은 것이 원동력이 되었나요?"
"아니요. 저는 무일푼이나 다름없었습니다."

실제로 찰스 럭맨은 물려받은 돈도 없고
학력도 별 볼 일 없는 평범한 남자였습니다.
사람들은 그가 사장이 된 것을 궁금해하며
그 비결을 물어보았습니다.

"제가 이 자리까지 올 수 있었던 것은
11년 전 했던 단 하나의 결심 때문입니다.

그것은 일을 중요한 순서대로
처리하는 것이었습니다."

사람들은 너무나 당연한 그의 충고에
어리둥절했습니다.

"쉽고 당연한 것 같지만 어려운 일이었습니다.
먼저 무엇이 더 중요한 일인지 결정하는 것도
쉽지 않았는데 그래서 매일 새벽에 일어나
오늘 가장 중요한 일이 무엇이며
어떤 순서대로 일을 처리해야 하는지
계획을 세우기 시작했습니다."

그리고 그는 사람들에게 다시 말했습니다.

"하지만 계획을 세우는 것보다 더 어려웠던 것은
바로 그 계획을 실천하는 것이었습니다.
지난 11년 동안 이 결심을 위해 노력했기에
지금 이 자리에 설 수 있었습니다."

중요한 일부터 먼저 처리한다.
나는 이것이 중요하다고 생각했는데
사실은 저것이 더 중요한 것일 경우도
얼마든지 있습니다.

당연한 것을 제대로 지킬 수 있는
판단력과 현명함이 있다면 어떤 일이든
성공할 수 있을 것입니다.

오늘의 명언

먼저 당신이 원하는 것을 결정하라.
그리고 그것을 이루기 위해 당신이 기꺼이
바꿀 수 있는 것이 무엇인지 결정하라.
다음으로 그 일들의 우선순위를 정하고
곧바로 그 일에 착수하라.
_ H. L. 린트

" 어떤 것보다 더욱 힘든 일은 버릴 줄 아는 것이다.
_ 그라시안

알아두면 유용한 기술창업 정부지원 사업

1) 2019년 초기창업패키지 (예비)창업자 모집 공고
2) 2019년도 「1인 창조기업 마케팅 지원사업」 창업기업 모집공고
3) 2019년 글로벌 엑셀러레이팅 지원사업 참가 창업기업 모집
4) 2019년 창업도약패키지 지원사업 사업화지원 창업기업 모집 공고
5) 2019년도 창업성장기술개발사업 '디딤돌 창업과제' 제1차 시행계획 공고 (여성참여 · 소셜벤처과제 포함)

1) 2019년 초기창업패키지 (예비)창업자 모집 공고

유망 창업아이템 및 고급기술을 보유한 (예비)창업자를 발굴하여 성공적인 창업 활동을 지원하기 위한 『2019년 초기창업패키지』에 참여할 (예비)창업자 모집을 다음과 같이 공고합니다.

2019년 4월 24일
중소벤처기업부 장관

□ **사업목적**
- 유망 창업아이템 및 고급기술을 보유한 (예비)창업자를 대상으로 초기창업 전단계를 집중 지원하여 우수 창업기업으로 육성

□ **모집대상**

예비창업자 또는 업력 3년 이내 창업기업

□ **선정규모** : 총 850명 내외(최종선정자 기준)

① 예비창업자(팀)
② 업력 3년 이내('16.4.23.~'19.4.24.) 창업기업의 대표자

□ **지원 내용**

지원 구분	지원 세부사항	비고
사업화 자금	☞ 시제품제작, 지재권 취득, 마케팅 등에 소요되는 사업화 자금을 최대 1억원 한도 지원(7개월 내외)	
자율·특화 프로그램	☞ (예비)창업자를 대상으로 맞춤형 자율·특화 창업지원 프로그램을 운영(주관기관별 상이, 11페이지 참조)	-
인프라	☞ 창업준비공간, 회의실, 휴게실, 테스트베드 등 인프라 지원(주관기관별 상이)	-

□ **지원기간** : 협약 후 7개월 내외(~'20.1월 중순 예정)

2) 2019년도 「1인 창조기업 마케팅 지원사업」 창업기업 모집공고

1인 창조기업의 사업화 역량 및 경쟁력 강화를 위해「2019년도 1인 창조기업 마케팅 지원사업」창업기업 모집계획을 다음과 같이 공고합니다.

2019년 3월 29일
중소벤처기업부 장관

□ **사업목적**
  ○ 1인 창조기업의 유망 제품·서비스를 홍보하기 위한 마케팅 소요비용을 지원하여 판로확대 및 사업화 역량 강화에 기여

□ **모집대상 및 분야**
  ○ (모집대상) (예비*) 1인 창조기업(동 마케팅 지원사업 기 수혜기업 지원불가)
  * 「1인 창조기업 육성에 관한 법률」에 따른 1인 창조기업이어야 하며, 예비창업자의 경우에는 협약체결 전까지 사업자등록증을 발급받아야 함
  ○ (모집분야) ①일반형, ②센터형으로 구분하여 신청(중복신청 불가)

□ **신청자격**
  ① 1인 창조기업을 준비하거나, 혼자 사업을 영위하는 1인 창조기업
  ② 1인 창조기업 유예기간에 해당되는 기업

□ **선정규모** : 150개사 내외(일반형 + 센터형 포함)
□ **지원내용**
  ○ 1인 창조기업의 마케팅에 소요되는 비용*을 최대 80%까지 정부지원금 지원(기업 당 최대 20백만원)

□ **지원기간** : 협약 후 5개월 이내
□ **신청방법**
  ○ 'K-startup(www.k-startup.go.kr)' 사이트를 통한 온라인 신청

3) 2019년 글로벌 엑셀러레이팅 지원사업 참가 창업기업 모집

□ **사업개요**
  ○ 글로벌 시장진출을 희망하는 창업기업을 발굴하여 현지 액셀러레이팅을 통해 해외 진출가능성 확인 및 창업아이템 현지화 추진
  ○ 현지 액셀러레이터가 제공하는 현지 시장·기술트렌드 정보, 네트워킹 활동 등을 통해 국내기업의 성공적인 해외시장 진출을 지원

□ **진출국가** : 총 6개 국가(미국, 중국, 영국, 프랑스, 싱가포르, 베트남)

□ **지원대상** : 해외 진출계획이 있는 예비창업자 또는 창업 7년 이내 기업

□ **지원규모** : 60개사

□ **지원내용** : 기업당 총 20백만원
  ○ 현지 액셀러레이팅 프로그램(4~6주)* 참가비
    * 사업모델 현지화를 위한 사전 멘토링, 현지 사무공간 제공, 전문가 멘토링 프로그램, 네트워킹 및 투자자 데모데이 등
  ○ 글로벌 진출에 필요한 사업화 자금(여비, 마케팅비, 인건비 등) 지원
  ○ 해외진출 전 국가별 사전교육 및 액셀러레이터 멘토링 제공

* K-스타트업(www.k-startup.go.kr)에서 공고문 참조
** 전담기관 : 창업진흥원, ☎042-480-4453,4348,4384

4) 『2019년 창업도약패키지 지원사업』 사업화지원 창업기업 모집 공고

□ **사업목적** : 창업도약기(3~7년) 기업의 매출극대화 및 죽음의 계곡 극복 등 성과 창출을 위한 사업화 지원

□ **지원분야** : 사업화지원(혁신성장패키지 / 사업화지원패키지)

□ **지원내용** : 사업화자금(최대 7억원*) 및 서비스 등

　　* (규모) 사업화 자금 최대 3억원+창업성장 R&D 자금 최대 4억원(2년간, 2+2억원)
　　** (협약기간) 선정일로부터 10개월 이내

□ **지원규모** : 200개사 내외(혁신성장 패키지 50개사, 사업화지원 패키지 150개사)

□ **신청자격**
　○ 「중소기업창업 지원법」 제2조 제1항 및 2항에 따른 창업기업의 대표자로서 모집공고일 현재 창업 3년 이상 7년 이내인 자

□ **지원기간** : 협약 후 10개월 이내('19.6월 ~ '20.4월 예정)

□ **신청방법**
　○ K-startup(www.k-startup.go.kr) 을 통해 온라인 신청

5) 2019년도 창업성장기술개발사업 '디딤돌 창업과제' 제1차 시행계획 공고(여성참여·소셜벤처과제 포함)

- **사업목적** : 성장 잠재력을 보유한 창업기업의 R&D 지원을 통해 성장 촉진 및 여성창업기업 등의 지원으로 경제활동 참여 활성화
- **지원규모** : 총 758억원(제1차 : 예산 300억원, 250개 과제 내외로 선정)
- **정부출연금 지원 및 민간부담금 현금부담 기준**
  ○ 정부출연금은 총 사업비의 80%(최대 1년, 1.5억원)이내에서 지원하고, 민간부담금(총 사업비의 20% 이상)은 50% 이상을 현금으로 부담
- **신청자격** : 「중소기업기본법」 제2조의 규정에 의한 중소기업 중 창업 후 7년 이하인 기업*
- **지원조건** : 'R&D 바우처 제도' 적용을 조건으로 기술개발을 지원
- **신청방법** : 중소기업기술개발사업 종합관리시스템(www.smtech.go.kr)을 통해서 온라인 접수(오프라인 서류 제출 불필요)

세상에서 가장 강한 사람

쉬어가는 페이지 ⑧

세계적으로 유명한 이종격투기 파이터 한 명이
TV 예능 프로그램에 출연하여 말했습니다.

"평범한 사람이라면 몇 명이 달려들어도
나를 바닥에 쓰러트릴 수 없습니다."

그래서 재미 삼아 모의 대결을 해보았습니다.
파이터에게 10명의 일반인에게 우르르 달려들었고
파이터는 사람들의 무게를 이기지 못하고
허무하게 바닥으로 쓰러졌습니다.

맹자가 말하기를 이 세상에서
가장 강한 사람은 도와주는(助) 사람이
많은(多) 사람이라고 합니다.

힘이 센 사람도 아니고,
지위가 높은 사람도 아닙니다.
엄청난 부를 소유하거나
학력이 높은 사람도 아닙니다.

'도를 얻은 사람은 도와주는 사람이 많다'라는
뜻의 '득도다조(得道多助)' 깨달아
평소에 주위 사람들의 마음을 얻고 인심(人心)을 얻어
도와주는 사람이 많아진 사람이 세상에서
가장 강한 사람이라는 것입니다.

사람은 사회적 공동체를 이루어 서로 도우면서
살아가야 하는 것은 초등학생도 학교에서
배워서 아는 내용입니다.

심지어 세상을 등지고 은거하는 사람일지라도
다른 사람의 도움이 전혀 없이는
살아갈 수 없습니다.

그렇기 때문에 다른 사람의 마음을 얻어
많은 사람과 함께 할 수 있는 사람이
가장 강한 사람입니다.

오늘의 명언

혼자서는 우리는 거의 아무것도 못한다.
함께 하면 우리는 그렇게 많은 것을 할 수 있다.
_ 헬렌 켈러

Part 8

아너스엔젤투자클럽 회원의 나의 성공 창업 아이템 비법 공개

— 초기 스타트업 게임 개발사의 개발 요건

항상 스타트업을 운영하면서 가장 중요한 요소를 뽑으라면 "사람"이라고들 말합니다. 하지만 같이 스타트업을 해볼 "사람"들은 그리 많지도 않고, 설령 같이 사업을 시작한다고 해도 생각만큼 같이 열정을 태우는 사람이 아니거나 서로 지쳐서 그만두기 마련입니다. 이러한 "사람"과 같이 일하기 위해서 필요한 요소에 대해 간단히 나열을 하며 설명을 드리기 전에 전략/RPG 턴제 게임을 만드는 게임사로써 게임 스타트업을 만드는 데에 있어서 필요한 요소들에 대해서 말하겠습니다.

스타트업을 하는 이유에 대해서 잘 생각을 해보아야 합니다.
저는 재미있는 RPG 전략 게임을 만들기 위해서 창업을 하였습니다.
그러면 재미있는 게임을 만들기 위해서는 재미있는 요소가 필요하겠죠?
게임의 개발 부분에 대해서 이야기해보겠습니다.

개발

내 게임이 재미있는 이유
멋들어진 게임의 연출

손끝에서 느껴지는 타격감

전략성에서 느껴지는 승리의 기쁨

그리고 게임을 하는데에 있어서 불편한 요소는 제거해야겠죠?

내 게임을 하고 싶은 이유
가독성 좋은 UI

직관적인 UI

버그 없는 게임

그러면 이 이유를 만들어낼 사람이 필요하겠죠?

개발 직군
기획 : 게임의 전반적인 구성과 시스템을 만드는 것을 의미합니다.

이펙트 : 게임에서 공격이나 피격 시 혹은 스킬 시전 시에 나오는 효과를 의미합니다.

UI : 사용자가 게임을 원활히 진행할 수 있도록 구성된 창과 구성요소를 의미합니다.

애니메이션 : 게임의 캐릭터가 움직일 수 있도록 숨을 불어넣어주는 것을 의미합니다.

프로그래밍 : 게임의 기본 뼈대가 되는 시스템을 구현하는 것을 의합니다.

서버 : 사용자가 게임을 이용할 수 있도록 네트워크 상에서 접속 가능하도록 하는 것을 의미합니다.

원화 : 원화는 게임의 메인 화면, 설명 창에 등장하는 게임 캐릭터나 배경을 주로 의미합니다.

스토리 : 게임의 이야기를 의미합니다.

그러면 다시 돌아와서 각 직군을 채워본다면!

내 게임이 재미있는 이유
멋들어진 게임의 연출 - 원화, 애니메이션

손 끝에서 느껴지는 타격감 - 이펙트, 애니메이션

전략성에서 느껴지는 승리의 기쁨 - 밸런스, 시스템 기획

다양한 선택지를 통한 각기 다른 엔딩 - 스토리

내 게임을 하고 싶은 이유

가독성 좋은 UI - UI, 기획자

직관적인 UI - UI, 기획자

버그 없는 게임 - 개발자

생각보다 많은 사람들이 필요하죠?
그러면 여기에서 자신이 할 수 있는 역량과 할 수 있는 역량을 구분 지어 놓아 봅니다.

개발 직군
기획 - O

이펙트 - O

UI - O

애니메이션 - X

프로그래밍, 서버 - X

원화 - X

배경 - X

스토리 - O

다시 돌아와서 해당 부분들에 O, X 표시한 것들에 대해서 체크를 해봅시다.

내 게임이 재미있는 이유

멋들어진 게임의 연출 - 원화 = X, 애니메이션 = X

손 끝에서 느껴지는 타격감 - 이펙트 = O, 애니메이션 = X

전략성에서 느껴지는 승리의 기쁨 - 밸런스, 시스템 기획 = O

다양한 선택지를 통한 각기 다른 엔딩 - 스토리 = O

내 게임을 하고 싶은 이유
가독성 좋은 UI - UI = O, 기획자 = O

직관적인 UI - UI = O, 기획자 = O

버그 없는 게임 - 개발자 = X

멋들어진 게임의 연출 - 원화 = X, 애니메이션 = X
손끝에서 느껴지는 타격감 - 이펙트 = O, 애니메이션 = X
전략성에서 느껴지는 승리의 기쁨 - 밸런스, 시스템 기획 = O

다양한 선택지를 통한 각기 다른 엔딩 - 스토리 = O

내 게임을 하고 싶은 이유
가독성 좋은 UI - UI = O, 기획자 = O

직관적인 UI - UI = O, 기획자 = O

버그 없는 게임 - 개발 = X

여기서 개발자 같은 경우는 없으면 게임 자체를 만들 수 없기 때문에 필수요소입니다.

본인의 역량이 눈에 확 들어오셨나요? 현재 동그라미 표시가 된 영역들이 본인이 할 수 있는 역량이고, 외주를 맡겼을 때에도 가능한 부분들입니다. 본인의 역량이 부족하거나 할 수 없는 부분들은 포기하거나 게임을 만들면서 공부를 하거나 해당 역량이 있는 팀원들을 데려와야 합니다. 아니면 본인이 내세웠던 게임의 강점들을 포기해야만 하겠죠? 팀은 이렇게 본인의 역량을 판단할 줄 알고 본인이 필요한 팀원들을 모시고 와야만 합니다. 그러면 저는 원화, 애니메이션, 개발을 하는 사람을 모셔오거나 연출과 타격감을 포기하면 되겠네요! 이 팀원들을 관리하고 게임 개발할 수 있도록 일정을 만드는 일에 대해서는 다음 책이 나올 때 기술해볼게요.

재미있는 게임을 만들었다면! 홍보할 "장"이 필요할 것입니다.

내 게임의 소식을 접하려면
페이스북 - 회사 페이지, 인디게임 페스티벌 홍보 페이지, 인디게임 개발자 모

임 홍보 페이지, 스타트업 단톡 방 등

브런치 - 스타트업 카테고리, 게임 카테고리

인스타그램 - 게임 세미나나 GDC를 다녀온 소개글 게임 업데이트 내용 등

유튜브 홍보 - 게임의 트레일러

홈페이지 - 게임 다운로드, 구글 검색을 통한 홈페이지 방문

트위터 - 트위터를 통한 홍보

구글 플레이 스토어 - 구글 플레이 전략/RPG 카테고리를 통한 검색

앱스토어

스팀

등이 있겠죠?

그러면 이러한 것들을 해줄 "사람"이 또 필요하겠죠?

경영

마케팅 : 페이스북, 유튜브, 브런치 등 온라인 혹은 오프라인 굿즈와 같은 홍보

네트워킹 : 네트워킹 모임 각 대표님들과의 협업을 구하거나 좋은 정보들을 얻는데 필요한 모임

정부사업 : 직원들의 급여, 사무실 임대료, 사무실, 주거 공간 등을 확보할 수 있는 사업

회계 : 정부 사업과 떼려야 뗄 수 없는 관계, 세금 문제

시스템 : 게임을 만드는데 필요한 시스템 설계, 혹은 마케팅을 효율적으로 할 수 있는 방법 설계 등

잡무 : 많은 잡무

자금 : 자금

이 경영의 부분에 있어서는 사실 "대표"가 모든 것들을 다 하고 있기 때문에 대표자는 해당 역량을 다 지니고 가야 된다는 생각을 합니다.

게임으로 창업

게임을 만든다면 이러한 이슈들이 발생합니다.
주거 - 개발자들이 먹고, 자고 할 공간

사무실 - 개발자들이 개발을 할 수 있는 공간

인력 - 개발자들

장비 - 개발자들이 일을 할 수 있는 장비

식비 - 개발자들이 밥을 먹을 수 있는 식비

비품 - 개발자들이 원활한 개발을 할 수 있도록 필요한 물품

간식비 - 간식비

워크숍 - 행복도

사람

게임 개발을 하는 데 있어 필요한 "사람"들은

기획자

프로그래머

아트

최소 3명이 필요하다고 하지만 게임의 장르에 따라서 아트는 그리 중요하지 않을 수 있습니다.
그러면
기획자/아트

프로그래머

이런 식의 구성원이 만들어지겠죠? 그러면 2명 가지고 게임을 만들 수 있느냐! 네! 게임은 만들 수 있습니다. 하지만 사업을 하기에는 조금 어려울 수도 있습니다. 프로그래머가 대표인 경우에는 모르겠지만 대표가 위의 1번인 기획자/아트라면 혼자 모든 걸 하는 상황이 발생할 수 있습니다. 대게 프로그래머는 코딩만을 하길 원하고 워라밸을 원하기도 하고, 개발 이외의 다른 일로 방해받기 싫어합니다. 실제로 그래야 퍼포먼스가 나오는 것도 사실이지만. 정석적인 방법은 해당 프로그래머에게 외주 관리를 맡기고 사업의 전반적인 것들을 함께하는 것입니다. 그리고 실제로 기획자이자 대표를 뜯어보면

대표/기획자 - 게임의 전반적인 모든 기획 및 판단/아트-콘셉트, 이펙트, 배경, 원화/마케팅/네트워킹/정부사업/세금/시스템 개발/잡무/자금

프로그래머/개발/클라이언트/서버

대표는 이 일 이외에도 일이 많습니다. 하여 같이 정말로 "일"을 같이 할 수 있는 프로그래머를 영입하거나 이러한 "일"들을 같이 할 동료가 필요합니다.

대표/기획자 - 기획/마케팅/네트워킹/정부사업/세금/시스템 개발/잡무/자금

프로그래머/개발/클라이언트/서버

게임의 전반적인 모든 기획 및 판단/아트-콘셉트, 이펙트, 배경, 원화/애니메이팅/잡무

이렇게 3명을 구성하여 가는 것이 이상적인 팀이 될 수 있습니다.

사람을 뽑을 때 기준

내가 만드는 아이템을 사랑하는 사람.

배움에 대해 열정적인 사람.

"꿈"과 아이템에 일치하는 사람.

나를 믿어주는 사람.

내가 만드는 아이템에 관심 있고 사랑하는 사람들은 해당 아이템을 개발하기 위해서 모든 방법을 동원하여 해당 아이템을 개발하기 위해 노력할 것입니다. 하나 목표가 해당 아이템이 나중에 돈으로 환산되는 목표 금액을 보고 들어온 사람들은 만족하는 금액이 나오지 못한다면 포기할 것입니다. 배움에 대해서 열정적인 사람은 해당 아이템을 만들기 위해서 보다 자신의 가진 기술이나 자신의 몸값을 높이기 위해서 여러 가지 시도나 여러 가지를 학습하고 사용하여 보다 효율적으로 팀을 이끌 수 있습니다. "꿈"과 아이템에 일치하는 사람은 찾기가 정말 드물지만 가끔은 존재하는 것 같습니다. 이 사람은 최소한의 생활을 유지할 수만 있다면 모든 열정을 태워 당신의 아이템을 위하여 달릴 것입니다. 나를 믿어주는 사람은 저의 친구이자 동료는 친구의 이야기이도 하는데 나를 위해서 본인이 생각하는 것들과 다르다고 하더라도 끝까지 믿어주고 같이 가주며 자신의 생활마저도 사업의 도움이 될 거리들은 찾아내는 사람입니다. 또한 때로는 창업자의 든든한 멘토가 되어주기도 합니다.

환경

팀원 인원수만큼 들어갈 수 있는 최소한의 공간을 보유한 사무실

팀원들이 먹고 자고 할 수 있는 주거공간이나 임대료를 부담할 수 있는 자금.

위의 정말 멋진 사람들을 영업하였다고 칩시다. 보통 게임 개발은 최소 6개월에서 2~3년 정도 걸립니다. 초기에는 정말 저 팀원들이 열정을 불태워 1~6개월간은 갈 수 있지만 좁은 집에서, 카페에서 끝까지 열정을 태우고 출시하기란 정말 어렵습니다. 최소한 팀원들이 먹고 자고 할 수 있는 사무실이나 주거 공간을 확보하여 놓아야 달릴 수 있습니다.

장비

게임을 만들 수 있는 최소한의 장비.

서버

당연하게도 게임 개발을 하려면 PC가 필요하겠죠? 최소한 인원 수 대로의 장비를 구매하고 본인이 어떠한 엔진을 쓸 것인지에 따라서 PC의 성능을 적절히 선택하여야 합니다. 서버는 정말 소규모이면 굳이 구매를 하지 않아도 되지만 회사의 시스템을 구축하는 데에 있어 정말 필수적이라고 생각합니다.

자금
팀원들의 최소한의 생활비를 부담할 수 있는 자금.

팀원들의 인건비를 챙겨줄 수 있는 자금.

이제 예산을 한 번 짜 볼까요?

이상적인 합숙 팀원
개발 기간 3개월로 잡으면 1년, 6개로 잡으면 2년 잡으시면 됩니다.

저는 2년으로 잡겠습니다.

급여 없이 팀원일 때 이야기입니다.

3명 X 월 임대료 60만 원 = 180만 원

사무실이면 관리비 = 10만 원 = 30만 원

식비 8천 원*3끼 = 24000원, 24000원*30일 = 72만 원, 72만 원*3 = 216만 원

교통비 = 1250*2 = 2500원, 2500원*30일 = 7만 5천 원 * 3명 = 22만 5천 원

월별 지출금액 = 180만 원+ 30만 원 + 216만 원 + 22만 5천 원 = 448.5만 원 이 월별 고정 금액으로 나가게 됩니다.

월 임대료 60만 원

사무실이면 관리비 = 10만 원

식비 8천 원*3끼 = 24000원, 24000원*30일 = 72만 원, 72만 원*3 = 216만 원

교통비 = 1250*2 = 2500원, 2500원*30일 = 7만 5천 원* 3명 22만 5천 원

월별 지출금액 = 60만 원+10만 원 + 216만 원 + 22만 5천 원 = 448.5만 원이 월별 고정 금액으로 나가게 됩니다. 거의 450만 원에 가까운 월마다 지출되는 것이죠..

그러면 한 달 치였으니 저희 2년 개발한다고 했었죠?

2년은 월로 치면 24개월입니다. 그러면 300만 원이라고 계산하고

24*450 = 1억 800만 원이 나오네요!

여기에 장비 비용까지 더하면?

장비 비용 컴퓨터 = 200만 원*3대 = 600만 원, 서버 = 300만 원,

태블릿 액정일 경우 70만 원, 그냥일 경우 30만 원선 평균가 50만 원

장비 비용 950만 원

8150만 원! 급여를 주지 않고 3명에서 60만 원짜리 월세 방에서 팀 작업을 하려면 최소 8150만 원이 있어야 하는 것이죠! 여기서 끝이 아닙니다. 세상은 계획 돌아가지 않기 때문에 감가상각비용을 생각하여야만 합니다.

예산의 2배 정도의 금액을 가지고 있어야만 하죠.

2년 동안 게임을 개발할 비용이 1억 800만 원 X 2 = 2억 1600만 원 이 됩니다.

그렇다면 여기에서 포기해야 하냐고요? 아니죠

그러면 이 예산을 줄이기 위해서 노력을 해야겠죠?

3명 X 월 임대료 60만 원 = 180만 원

사무실이면 관리비 = 10만 원 = 30만 원

3명이 같은 사무실과 같은 곳에서 합숙을 합니다.

창업 주택, 정부사업 사무실, 1인 창조 기업 사무실을 통해서 임대료를 지원받습니다.

0만 원 -> 30만 원까지 비용을 절약할 수 있습니다. (창업 주택은 보증금이 큽니다.)

식비 8천 원*3끼 = 24000원, 24000원*30일 = 72만 원, 72만 원*3 = 216만 원

식비는 지원 사업을 찾기 어렵지만 2명에 대한 인건비를 지원받아 해결 가능

합니다.

교통비 = 1250*2 = 2500원, 2500원*30일 = 7만 5천 원

교통비 바우처 사업을 받아 월 5만 원까지 지원이 가능

2만 5천 원*3 = 7만 5천 원

월별 지출금액 = 최대 30만 원 + 7만 5천 원

월 임대료 30만 원

사무실이면 관리비 = 10만 원

식비 8천 원*3끼 = 24000원, 24000원*30일 = 72만 원, 72만 원*3 = 216만 원

교통비 = 1250*2 = 2500원, 2500원*30일 = 7만 5천 원

월별 지출금액 = 60만 원+10만 원 + 216만 원 + 7만 5천 원 = 293.5만 원이 월별 고정 금액으로 나가게 됩니다. 거의 300만 원에 가까운 월마다 지출되는 것이죠..

식비 7만 5천 원

그러면 한 달 치였으니 저희 2년 개발한다고 했었죠?

2년은 월로 치면 24개월입니다. 그러면 40만 원이라고 계산하고

24*40 = 960만 원이 나오네요!

여기에 장비 비용까지 더하면?

장비 비용 컴퓨터 = 200만 원*3대 = 600만 원, 서버 = 300만 원,

태블릿 액정일 경우 70만 원, 그냥일 경우 30만 원선 평균가 50만 원

장비 비용 950만 원

960만 원 + 950만 원 이면 1910만 원이 나옵니다. 약 2천만 원 정도면 리스크를 지고 갈 수 있는 것이죠.

감가상각으로 2배를 곱하여 4천만 원이 됩니다.

4천만 원이 있으면 창업을 시작할 수 있는 최소 예산이 짜이는 것이죠.

이렇게 예산을 짤 정도가 되고 믿음직한 팀원들을 구성하였으면 이야기가 다릅니다. 월 임대료나 사무실은 정부지원 사업을 통해 받고, 밥값도 월급으로 대신 정부지원 사업을 통하여 줄 수 있지만 서류에 엄청 시달리게 됩니다. 정부 사업을 고려할 때는 팀원 중 한 명과 서류를 같이 작업을 하여야만 한다고 생각됩니다. 게임을 만들려고 해도 서류에 대한 부담감과 불안 또한 매번 바뀌는 시행령들 때문에 마음 놓고 사업을 진행하기가 어렵고 불안할 수 있습니다. 또한 신경 쓰지 않으면 문제 발생 시에 되돌리기 어려울 수도 있죠. 그리고 해당 서류들에 대해서는 해당 공무원들이 알고 있는데 전화가 정말 되질 않습니다. 홈택스 같은 경우는 30분 정도 붙들고 있어야 해요. 정말 본인의 아이템을 밀고 개발을 하고 싶다면 굳이 정부사업이나 사업자를 내지 않고 소량의 자비

와 자신이 집적 개발을 시작해보는 것도 나쁘지 않다고 생각됩니다. 정부사업은 오히려 내가 개발을 하는데 있어서는 독이 될 수 있습니다. 여기도 정부에서 성과를 내야하고 기간 내에 제품을 뽑는 것이 목적이지 사업적 성공을 위해서 내게 도움을 준다고 보기에는 어렵습니다. 오히려 꼭 팀원을 취직을 시켜서 안 그래도 열정을 태우고 같이 갈 스타트업에 제동을 거는 족쇄가 될 수도 있으니 말이에요. 정부에서 보내주는 표준 근로계약서를 쓰게 되면 대표는 직원이 야근을 할 경우 야간 수당과 주말에 일할 경우 주휴수당 등을 챙겨주거나 근로자와 다툼이 있거나 갑 질이라고 생각되는 것들에 대해서 근로자가 고발하고 신고할 수 있는데, 대표는 이 책임을 떠안고 가면서도 정부사업 주체는 이에 대해서 책임지지 않습니다. 하여 스타트업이 아니라 그냥 돈 받고 일하는 기계 같은 직원이 될 수밖에 없는 환경을 조성토록 하지요. 일에 대한 열정을 가진 친구라도 욕심이 나기는 마련입니다. 그리고 스타트업은 꼭 필요한 장비를 꼭 사놓으세요! 게임을 만들려는 데에 있어 장비는 정말 필수적이고 회사를 운영하는 데에도 정말 필요한 것입니다. 인건비나 임대료는 한번 쓰면 그냥 사라지는 것에 불과하지만 장비는 우리가 창작활동을 더 할 수 있도록 반영구적으로 사용이 가능한 물품입니다. 스타트업을 유지하는 데에 있어 장비는 정말 필수적이라고 생각이 드네요. 창업을 하실 때에 자신의 예산에 대해서 정확히 파악하고 최소한의 창업자금을 들고 창업하시길 추천 드리며, 같이 열정을 태우는 팀원들을 찾기 위해서 계속 찾는 자세를 갖는다면 좋은 사람 옆에서 재미있게 일을 할 수 있지 않을까 하며 글을 마칩니다.

주옥같은 명언

1. 사랑이란 다른 사람이 원하는 걸
   네가 원하는 것보다 우선순위에 놓는 것이다.

2. 우리 인생에서 유일하게 예측할 수 있는 건
   우리 인생이 예측 불가능하다는 것이다.

3. 과거는 흘러갔고 어쩔 수 없는 것이다.
   세상이 널 힘들게 할 땐 신경 쓰지 말고
   사는 게 상책이다.

4. 역경을 이겨내고 핀 꽃이 가장 아름다운 꽃이다.

5. 내 기분은 내가 정한다.
   오늘의 기분은 '행복'으로 하겠다.

6. 네가 간절히 원한다면 넌 할 수 있다.
   하지만 넌 하고 또 하고 또 해야 한다.

그러면 넌 마침내 할 수 있을 것이다.

7. 고민하지 말고, 걱정하지도 마라.
   때가 되면 뭘 해야 할지 다 알게 될 테니까.

8. 양심은 사람들에게 들리지 않는 작은 목소리다.

9. 너에게는 아직 꿈을 이루기 위한
   충분한 시간이 있다.

10. 하루하루가 행복하진 않지만,
    행복한 일은 매일 있다.

11. 삶은 실수투성이다.
    우리는 늘 실수를 한다.

12. 눈 감지 말고 똑바로 보아라.
    두려움의 실체는 생각과 다를 수 있다.

13. 노력이라도 해보아라.

상처는 아무는 것이다.

14. 누구를 사랑하고자 한다면,
    너 자신을 먼저 사랑해라.

15. 기적도 조금은 시간이 걸린다.

위의 명언은 아이들에게 꿈과 희망을 전하기 위해
탄생한 디즈니 애니메이션의 캐릭터들의
주옥같은 대사입니다.

아이들을 위한 대사라고 생각한 문장 속에
삶의 진리가 담겨 있을지 모릅니다.
왜냐하면 우리 모두도 한때는
어린아이였기 때문입니다.

디즈니랜드는 아직 완성되지 않았다.
세상에 상상력이 남아있는 한 그것은 계속 발전할 것이다.
_ 월트 디즈니

아너스엔젤 투자 클럽(HAIC) 소개

NAVER 아너스엔젤투자클럽

통합검색 | 블로그 | 이미지 | 지식iN | 카페 | 동영상 | 쇼핑 | 뉴스 | 더보기 ▾   검색옵션 ∨

블로그

[아너스엔젤투자클럽 × 스타트업액티비티그룹] 2019 코리아... 2019.10.16.
' 11월 23일 13:00-20:00 아너스엔젤클럽 주최 정기모임 & 행사 공지드립니다. **아너스엔젤투자클럽**(HAIC) 주최하고 액셀러레이터와 스타트업 대표가 전하는 투자유...
강서기의 얼리어답터...   blog.naver.com/leeks219/221679257444 | 블로그 내 검색

아너스엔젤클럽 & 엠티씨엔젤클럽 업무협약 2019.05.17.
후 **아너스클럽** 이강석회장님의 스타트업 강의 이어 성공**투자**사례 모모네트웍스 대표님의 IR 시간을 가졌습니다. 시드를 넘어 시리즈 (B 인 듯) **투자**를 원하시는...
남대문 벨트쟁이외 ... blog.naver.com/leejist/221539476313 | 블로그 내 검색

아너스엔젤투자클럽과 엠티씨엔젤클럽 업무제휴협약(MOU) 및... 2019.05.17.
크라우드 펀딩 플랫폼 와디즈가 310억원 규모로 시리즈C 투자를 유치했다.... **아너스엔젤투자클럽** 이강석 회장은 "협업을 통해 아너스엔젤클럽은 중소벤처기업부 인가...
강서기의 얼리어답터...   blog.naver.com/leeks219/221540209119 | 블로그 내 검색

2018년 아너스엔젤투자클럽 HAIC 소개 및 엔젤클럽 안내 2018.08.23.
2018년 **아너스엔젤투자클럽** HAIC 소개 및 엔젤클럽 안내 엔젤투자클럽을 결성하기... 클럽 승인일자 등을 확인할 수 있다. 출처 : 창업일보(http://www.news33.net) * 아너스엔...
강서기의 얼리어답터...   blog.naver.com/leeks219/221344194450 | 블로그 내 검색

[아너스엔젤투자클럽] 스타트업 자금 유치, 왜 어려운가? 2018.08.23.
[아너스엔젤투자클럽] 하루 수억 명이 방문하여 재생되고 있는 유튜브의 출발은... * 아너스엔젤클럽은 호서대학교 창업대학원 석사과정의 원우 중심으로 출발하였으며...
강서기의 얼리어답터...   blog.naver.com/leeks219/221344194698 | 블로그 내 검색

블로그 더보기 ›

웹사이트   도움말

[아너스엔젤투자클럽] 스타트업 자금 유치, 왜 어려운가?
https://blog.naver.com/leeks219/221344194698
[아너스엔젤투자클럽] 하루 수억 명이 방문하여 재생되고 있는 유튜브의 출발은 아주보잘 것 없었다. 초기에는 동영상을 이용해 데이트 상대를 찾는 서비스로 시작했지만 모든 콘텐츠로 확장하여 오늘날의 공유사이트를 만들어 냈다. 당시는 하루...
네이버 블로그 | 2018.08.23.

2019 코리아 스타트업 네트워킹 굿바이데이 계획(안)

2019. 10. 07.

1. 배경

○ 중기부 산하 한국엔젤투자협회 정회원 등록 엔젤클럽 229개 (2019.9월.20 기준)
○ 중기부 인가 액셀러레이터 기업 200개 시대 (2019.9.20. 기준)
○ 2018년 벤처캐피탈과 벤처투자펀드 신규 벤처투자 합산 6조 4,942억
○ 2018년 벤처캐피탈과 벤처투자펀드 신규 펀드결성 합산 8조 289억
○ 2018년 벤처스퀘어의 스타트업 투자 리포트 통계 418건 4조 9,150억 투자

2. 목적

○ 예비창업자 및 5년미만 스타트업 창업가의 성장을 도모하기 위한 투자유치 방안
○ 엔젤투자클럽 및 액셀러레이터 투자 관련 투자제안서 및 사업계획서 특강
○ 스타트업 대표와 투자자간 네트워킹 및 정보 교환
○ 성장 가능기업 피칭 (Demoday)
○ 투자유치한 기업의 다양한 사례와 성공 노하우 등을 듣고자 함

3. 방향

○ 전문성, 기술적 지식을 필요로 하는 기업인들에게 교육의 장 제공
○ 기업인과 투자자들의 소통의 장, 네트워킹의 장 제공

4. 일시 및 장소

○ 일시 : 2019. 11. 23(토) 13:00 ~ 17:00 (예정)
○ 장소 : 공덕동 서울창업허브 10층 대강의장

5. 컨퍼런스 구성안

시 간	일 정	담당자
12:30 - 13:00	등록 확인	Staff
13:00 - 13:20	내빈 소개 및 인사말 (액셀러레이터 및 아너스엔젤투자클럽)	이강석
13:20 - 13:30	축사	마그나인베스트먼트 전양우 대표
13:30 - 14:00	특강 1 투자 유치를 위한 투자제안서(사업계획서) 작성 노하우	액셀러레이터 기업 ㈜비스마트 김종태 이사
14:00 - 14:30	특강 2 창업에서 시드투자에서 시리즈투자까지 기업성장스토리	㈜올라램 강하주 대표이사
14:30 - 15:00	스튜디오 비밀의정원 가수 공연	
15:00 - 16:00	스타트업 스피치 IR 심사 : 마그나VC 전양우 대표, ㈜비스마트 김종태 이사 외	㈜올라램 강하주 대표
15:00 - 15:10	발표 기업 1 아트스퀘어	최샘터
15:10 - 15:20	발표 기업 2	
15:20 - 15:30	발표 기업 3	
15:30 - 15:40	발표 기업 4	
15:40 - 15:50	발표 기업 5	
15:50 - 16:00	투자자와 발표기업간 질문답	
16:00 - 16:10	공지사항 전달 및 설문조사, 기념품 추첨 증정	
16:10 - 16:30	협찬 및 후원기업, 전시업체 소개 아네모 (IT 네트워크 모임 회장) SAG (스타트업 액티비티 그룹 회장) VC 및 액셀러레이터, 엔젤투자클럽 대표	
16:30 - 17:00	폐회 및 네트워킹 타임	운영진 정리타임

● 주최측 사정에 따라 발표자 및 발표기업 등 순서 및 시간 조정될 수 있습니다.

6. 사업 일정

○ 기획안 확정 : ~ 10. 11(금)
○ 참가자 섭외 : ~ 10. 18(금) - 특강연사, 스피치발표기업, VC, 투자사
○ 홍보 및 참가 접수 : 10. 21(월) ~ 11. 15(금)
○ 행사장 입구 안 좌우 사이드 전시부스 운영 11.15(금) 업체 8개사

7. 주최 및 후원

○ 주관 : 아너스엔젤투자클럽 및 메인후원기업(단체) 공동 주최
○ 투자심사 : 마그나인베스트먼트 전양우 대표, ㈜비스마트 김종태 이사 외
○ 협력기관 : 중소벤처기업부 ,서울산업진흥원(SBA) 서울기업지원센터 (X배너 설치)
○ 협력학교 : 호서대학교 글로벌창업대학원
○ 협력미디어 : 바이라인네트워크, 디지털타임즈, 해럴스경제신문
○ 협력단체 : 한국액셀러레이터협회 산하 회원사, 한국엔젤투자협회 산하 엔젤클럽 (사)창직교육협회(문성식), 희망설계아카데미, 국제강사협회, 강남VIPCEO들의모임 M&A파워포럼(김종태), 엠티씨엔젤클럽,
○ 후원 : ㈜울랄라랩(강학주), 웹브라이트(정태식)
○ 상품협찬 : 네비게이션 - 코아텍 주소앤 (유우홍), 및 도서 30권(커넥트벨류)
○ 전시부스참여기업 : 8개사(최샘터) 외

8. 타임 테이블

	무 대 (상단 현수막 셋팅 및 좌우 X배너)	
홍보기업 X배너	가로형 테이블 배치 가로형 테이블 배치 가로형 테이블 배치	홍보기업 X배너
홍보기업 X배너	가로형 테이블 배치 가로형 테이블 배치 가로형 테이블 배치	홍보기업 X배너
홍보기업 X배너	가로형 테이블 배치 가로형 테이블 배치 가로형 테이블 배치	홍보기업 X배너
홍보기업 X배너	가로형 테이블 배치 가로형 테이블 배치 가로형 테이블 배치	홍보기업 X배너

입구

저자들의 경력(career) 및 감수자들의 Reference

총괄저자(Significant Writer)
이현수

주저자
오수언, 이강석

부저자
최석균, 박영만, 이정일, 허민, 최문영

주감수
황보윤

부감수
최재성, 김용호

총괄저자
이 현 수 수석부회장

[약 력]

現 서울대학교 경영전문대학원 경영과정 총동문회 수석부회장
現 아너스(HONORS) 엔젤투자클럽 수석부회장
現 비엠더블에이 C&T 대표
전 ㈜미래증권연구소 Business Analyst
전 ㈜삼진탑테크엔지니어링 등기감사
전 ㈜코어픽스 등기감사
전 ㈜씨베스트 등기이사(최고재무책임자 CFO)
전 임순호변호사 법률사무소 기업법무연구소 실장
전 법무법인 로뎀 기업법무연구소 실장
전 아너스(HONORS) 엔젤투자클럽 초대회장

주저자
오 수 언 교수

[약 력]

서정대학교 겸임교수
경영학박사
4.0융합연구소 대표
창업지도사
벤처창업학회 이사

주저자
이 강 석 박사

[약 력]

아너스엔젤투자클럽 회장
경영학박사
엑셀러레이터 대표
중기부 창진원 K-Startup 담임 멘토

부저자
박 영 만 교수

[약 력]

한국열린사이버대학교 교수
한국창업경영개발원(주) 대표
㈜씨앤씨 대표
(사)한국소상공인컨설팅컨설팅협회 부회장
경영학박사 수료

최 석 균 대표

[약 력]

- ㈜와이드원 이사
- 전)글로지스 이사
- 전)나인버드게임즈 재무이사
- 전)코리아헤럴드 정보미디어 팀장
- 경영학박사 수료

부저자

이정일 교수

[약 력]

한국열린사이버대학교 특임교수
한국기술경영지도사협회 중부 소상공인 지원 단장
서울신용보증재단 컨설턴트
태평양 대표
전)LG U+ 전산실장

허민 대표

[약 력]

나만고양이 없어 대표
청년선도기업 협동조합 소속
정부사업 게임 벤처 4.0 진행
정부사업 예비창업패키지 진행
Houdini Korea Network 운영진

최문영 대표

[약 력]

㈜소버린스테이트 대표이사
(재)갱생의료재단 관리이사
예비역 해군 소령
해군학사장교(OCS) 95기 임관

주감수자
황보윤 교수

[약 력]

국민대학교 글로벌창업벤처대학원 교수
한국벤처창업학회 부회장
기획재정부 공기업 경영평가 위원
국무조정실 정부업무평가위원 역임
㈜아이엠지홀딩컴 대표이사 역임

부감수자
최재성 교수

[약 력]

아너스엔젤투자클럽(HAIC) 감사
강원대학교 산학연 겸임교수
대한민국 기술사업화자문단 위원
한국코치협회 인증전문 코치(KPC)
창업투자평가사(CSA)

김용호 박사

[약 력]

(사)농어촌산업유통진흥원 회장
한국벤처창업학회 이사
KT스카이라이프 상무 역임
전문엔젤투자자(중기부)
경영학박사

건물 주인이 깨진 유리창을 그대로 방치하면
이 건물이 무법천지로 변한다.
곧 깨진 유리창처럼 사소한 것들은
사실은 치명적인 위험을 초래한다.
_ 마이클 레빈

참고문헌

1. 마스터 기업자금관리사 – 손정현/정영걸 공저(한국가치서비스(주))
2. 엔젤투자입문 – 중소기업청(KCA)(사)한국컨설팅협회
3. 파트너아이 엔젤 아카데미 – (주)파트너아이인베스트(2011년)
4. 제3금융과 장외주식(부제:제3금융의 연금술) – K3DI 한국제3금융개발원(주)
5. 엔젤투자 아카데미 – KBAN사무국
6. 영업보고서로 보는 좋은회사 나쁜회사 – 하상주 지음(도서출판 돈키호테)
7. 세상에서 가장 재미 있는 세금이야기 –주용철세무사 지음(원앤원북스)
8. 코스닥 M&A 여행 – 우승호 지음(새빛인베스트먼트)
9. 엉터리 재무제표 읽는 비법 – 김 건 지음(우용출판사)
10. 재무제표에 숨어 있는 회계속임수 – 하워드 슬릿 지음(리딩리더)
11. 개미들이 꼭 알아야 할 코스닥비밀노트 – 김동하 지음(한스미디어)
12. 시골의사의 주식투자란 무엇인가 – 박경철 지음(리더스북)
13. 중소기업의 M&A전략 – 갈정웅 지음(창해)
14. M&A매뉴얼 – 이동호 지음(매경미디어)
15. 기업최후의 전쟁 M&A – 정규재 지음(한경미디어)
16. M&A사례집 – 갈정웅외 지음(창해)
17. M&A와 경영권 – 김화진 지음(박영사)
18. 증권거래법 – 임재연 지음(박영사)
19. 알기 쉬운 M&A와 주식투자 – 제해진 지음(한국경제신문)
20. M&A를 알아야 경영 할 수 있다. – 윤종훈외 지음(매경미디어)
21. M&A 핸드북 – 김창일외 지음(조세통람사)
22. M&A와 월가의 정글게임 – 성보경 지음(한국경제신문)
23. 21C 최신 M&A 이론과 실체 및 전략 – 김동환외 지음(무역경영사)
24. 증권거래법 강의 – 유승한 지음(삼일인포마인)
25. 주식이동과 세무 – 이관재 지음(세경사)

26. M&A와 자본거래의 세무 – 박정우외 지음(영화조세편람)
27. 기업금융과 M&A – 최상우외 지음(삼일인포마인)
28. 적대적 M&A의 방어방법에 관한 연구 – 코스닥상장법인협의회
29. 블루오션 M&A전략 – 박상호 지음(두남출판사)
30. 회사법 강의 – 홍복기 지음(법문사)
31. 회사소송 – 임재연 지음(전영사)
32. 스타트업의 초기 성공을 결정하는 요인에 관한 연구[NDSL논문]
    (저자:이현호;황보윤;공창훈, 발행기관 : 한국벤처창립학회)
33. [K유니콘 키운다]리멤버서 키즈노트까지…뜨는 스타트업 뒤엔 'TIPS' 있었다 [출처 : 서울경제]
34. 세계 100대 핀테크기업(국가별 핀테크 도입률) [출처 : KPMG]
35. 엔젤투자 알아야 성공한다. – (재)한국청년기업가정신재단(사),한국엔젤투자협회
36. 정부지원사업을 활용한 성공 전략(청년기술창업가이드) – 황보윤외 3인 공저
37. 따뜻한 하루 – 김광일

오늘의 명언

" 미래를 예측하려고 하는 것은 밤중에 시골길을 전조등도 켜지 않고 달리면서 뒷 창문으로 밖을 보려는 것이나 다름없다."
_ 피터 드럭커